Sabine Wandjo

Erziehen, bilden und begleiten

Das Anerkennungsjahr/ Berufspraktikum gestalten

1. Auflage

Bestellnummer 13168

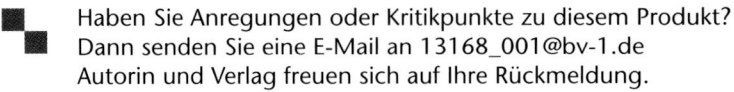 Haben Sie Anregungen oder Kritikpunkte zu diesem Produkt?
Dann senden Sie eine E-Mail an 13168_001@bv-1.de
Autorin und Verlag freuen sich auf Ihre Rückmeldung.

Bildquellenverzeichnis

© Fotolia.com – godfer: Umschlagfoto; Silence: S.14; mapoli-photo: S.32; filtv: S.71; Beboy: S.116; FM2: S.127

© Bildungsverlag EINS, Köln/Hendrik Kranenberg, Drolshagen: S. 13, 15, 21, 22, 23, 34 (oben), 42, 45 (alle), 50, 68, 72 (alle), 81, 84, 114

© Bildungsverlag EINS, Köln/Angelika Brauner, Hohenpeißenberg: S. 16, 27, 123

© Bildungsverlag EINS, Köln/Nadine Dilly, Oberhausen: S.28, 29, 126

Die Fotos auf folgenden Seiten wurden von der Autorin zur Verfügung gestellt: 7, 10, 19, 25, 26, 33, 34 (unten), 36, 41, 44, 48, 52, 54, 61, 63, 64, 66, 69, 73, 75, 76, 83, 88, 98, 100, 101, 102, 106, 110, 111, 113, 117, 125

Die Fotos wurden im Gartenhort in Darmstadt (Leiter: Michael Börnert) und in der Ev. Kindertagesstätte „Fröbelstraße" in Biblis-Nordheim (Leiterin: Birgit Uhrig) aufgenommen.

Über die „Fotogräfin" (Wortschöpfung der Kinder):
Lena Wandjo, Studium der Pädagogik/MA in Darmstadt. Für die Fotoaufnahmen zum vorliegenden Buch lag ihr das Prinzip der kindlichen Partizipation besonders am Herzen. Die Fotokamera wurde dabei zum Verbindungsstück zwischen professionellem Blick und kindlicher Lebenswelt.

www.bildungsverlag1.de

Bildungsverlag EINS GmbH
Hansestraße 115, 51149 Köln

ISBN 978-3-427-13168-7

© Copyright 2012: Bildungsverlag EINS GmbH, Köln
Das Werk und seine Teile sind urheberrechtlich geschützt. Jede Nutzung in anderen als den gesetzlich zugelassenen Fällen bedarf der vorherigen schriftlichen Einwilligung des Verlages.
Hinweis zu § 52a UrhG: Weder das Werk noch seine Teile dürfen ohne eine solche Einwilligung eingescannt und in ein Netzwerk eingestellt werden. Dies gilt auch für Intranets von Schulen und sonstigen Bildungseinrichtungen.

Inhalt

Vorwort 5

A   Erzieherin im Anerkennungsjahr (EiA)

1   Paradigmenwechsel im Berufsbild „Erzieherin" 9

2   Vorbereitung auf das Anerkennungsjahr 10
2.1   Die richtige Praxisstelle finden 11
2.2   Reflexion: Meine Stärken – meine Unsicherheiten 12
2.2.1 Auseinandersetzung mit sich selbst – Humankompetenz ... 13
2.2.2 Auseinandersetzung mit anderen Menschen – Sozialkompetenz ... 19
2.2.3 Auseinandersetzung mit dem Berufsbild/-feld – Sachkompetenz ... 24

B   Willkommen – Ankommen! Die Orientierungs- und Eingewöhnungsphase

3   Erzieherin im Anerkennungsjahr (EiA) 34
3.1   Sozialpädagogische Arbeit mit Kindern und Jugendlichen ... 34
3.1.1 Kontaktaufnahme und Beziehungsaufbau 35
3.1.2 Bezugskinder 39
3.1.3 Sich einbringen: Vom Wahrnehmen zum Tun 41
3.2   Arbeit im Team 43
3.2.1 Fragen, Fragen, Fragen … und Wünsche 43
3.2.2 Anleitungsgespräche 44
3.3   Zusammenarbeit mit Eltern/Kooperationspartnern 46

4   Praxisanleitung 49
4.1   Die schöne Aufgabe, mit der Praxiswelt bekannt zu machen ... 50
4.2   Managerin im Ausbildungs-Netzwerk: Differenzierte Tätigkeit mit gesunden Grenzen 53

5   Betreuungslehrkraft 54
5.1   Unterrichten, beraten, bewerten 55
5.2   Die 3 Ebenen der Professionalisierung 56
5.3   Unterrichtsinhalte/Netzwerkarbeit/Praxisbesuch 58

C   Mittendrin statt nur dabei! Die Einarbeitungs- und Erprobungsphase

6   Erzieherin im Anerkennungsjahr (EiA) 62
6.1   Sozialpädagogische Arbeit mit Kindern und Jugendlichen ... 62
6.1.1 Inklusion in Kindertageseinrichtungen 62
6.1.2 Qualität von Lernprozessen: Das Bildungshaus 64
6.1.3 Sozialpädagogische Mädchen- und Jungenarbeit 76
6.1.4 Be(ob)achten, dokumentieren und planen Teil I 77

6.2	Arbeit im Team	80
6.2.1	Kooperativ planen und handeln	81
6.2.2	Teamsitzung und Dienstgespräch	82
6.2.3	Das eigene Profil entwerfen	83
6.3	Zusammenarbeit mit Eltern/Kooperationspartnern	85
6.3.1	Elterninformation und Elternbildung	85
6.3.2	Elterngespräche Teil I	86
7	**Praxisanleitung**	**90**
7.1	Qualität von Anleitung	90
7.2	Teamarbeit: Transparenz geht über alles!	92
8	**Betreuungslehrkraft**	**93**
8.1	Unterrichtsinhalte/Netzwerkarbeit/Praxisbesuch	93
8.2	Leistungsnachweis und Halbjahresreflexion	95

D Gestalten Sie Ihr Profil: Vertiefungs- und Verselbstständigungsphase

9	**Erzieherin im Anerkennungsjahr (EiA)**	**99**
9.1	Sozialpädagogische Arbeit mit Kindern und Jugendlichen	99
9.1.1	Bezugsperson und Bildungspartnerin sein	99
9.1.2	Be(ob)achten, dokumentieren und planen Teil II	104
9.1.3	Schlüsselsituationen erkennen und aufgreifen	108
9.1.4	Dokumentation von Selbstbildungsprozessen	110
9.2	Arbeit im Team	114
9.2.1	Synergie als Grundprinzip	114
9.2.2	Konfliktmanagement	115
9.2.3	Qualität und Profil: Die pädagogische Konzeption	117
9.3	Zusammenarbeit mit Eltern/Kooperationspartnern	119
9.3.1	Elterngespräche Teil II	120
9.3.2	Veranstaltungen und professionelle Öffentlichkeitsarbeit	124
10	**Praxisanleitung**	**127**
10.1	Erzieherinnen als Selbstgestalterinnen ihrer Pädagogik	128
10.2	Beurteilung der EiA	129
11	**Betreuungslehrkraft**	**130**
11.1	Unterrichtsinhalte/Netzwerkarbeit/Praxisbesuch	130
11.2	Beurteilung: Jahresleistung/Abschlussbericht/Kolloquium	133

Literaturverzeichnis **136**

Sachwortverzeichnis **143**

Vorwort

Kinder und Jugendliche auf ihrem Entwicklungsweg professionell zu begleiten ist eine wunderbare, wichtige und anspruchsvolle Aufgabe. Es war bei Weitem nicht meine Ausbildung allein, die mir zum Verständnis dieses komplexen Tätigkeitsfeldes verholfen hat. Die Begegnungen mit Kindern/Jugendlichen/Erwachsenen in den Praxiseinrichtungen und mit den Studierenden der Fachschule haben meine Fach- und Menschenkenntnisse über die Jahre außerordentlich bereichert und eine Perspektiverweiterung ermöglicht, für die ich sehr dankbar bin. Neben meinen beruflichen Erfahrungen führten mich auch persönlich-biografische Prozesse zu der Erkenntnis, dass „Beziehungsgestaltung" der Dreh- und Angelpunkt erfolgreicher pädagogischer Arbeit (und Lebensführung) ist. Leider findet sich in pädagogischen Ausbildungsgängen „Beziehungskompetenz" noch kaum in qualifizierenden Maßnahmen wieder: Sei es die Gestaltung der Beziehung zu sich selbst/zu anderen Menschen/zu einem Thema oder einer Situation.
Viele wertvolle Reflexionen von Studierenden, sozialpädagogischen Fachkräften und Kollegen/Kolleginnen haben in dem vorliegenden Buch ihren Niederschlag gefunden. Dies führte dazu, dass ich den *Erzieherinnen*[1] *im Anerkennungsjahr (EiA)*, den *Praxisanleitungen* und den *Betreuungslehrkräften* in jeder Ausbildungsphase jeweils ein eigenes Unterkapitel gewidmet habe. Ich hoffe, dass hierdurch die Transparenz im Ausbildungsverhältnis von Schule und Praxis erhöht werden kann und alle Beteiligten von den umfassenden Anregungen profitieren.
Zahlreiche Verweise auf das Lehrbuch „Erziehen, bilden und begleiten" (Bestellnummer 40275) führen Sie zu vertiefenden Informationen und ermöglichen die Wiederholung von Grundlagen aus der theoretischen Ausbildung.
Allen, die mit diesem Buch arbeiten, wünsche ich viel Freude und Erfolg bei der Realisierung ihrer persönlichen und beruflichen Ziele.

Über die Autorin:
Sabine Wandjo, Dipl.-Päd./StR, bildete von 1998–2011 Erzieherinnen und Erzieher an der Elisabeth-Selbert-Schule in Lampertheim/Hessen aus. Zahlreiche Tätigkeiten als Fortbildnerin/Multiplikatorin im sozialpädagogischen Praxisfeld ermöglichten ihr Einblicke in die gegenwärtige Bedarfslage von Kindern/Jugendlichen und deren Familien. Das Verständnis für die hohen Anforderungen an sozialpädagogische Fachkräfte veranlasste sie zur Entwicklung reflexiv-tätigkeitsorientierter Konzepte für den theoretischen und praxisbegleitenden Unterricht. Seit August 2011 ist sie als pädagogische Mitarbeiterin im Fachbereich Gesellschaftswissenschaften/Schwerpunkt Familien- und Jugendsoziologie an der Goethe-Universität in Frankfurt tätig.

---

[1] In diesem Buch wird aus Gründen der besseren Lesbarkeit ausschließlich die weibliche Sprachform verwendet. Bitte fühlen Sie sich als Mann jederzeit genauso wertschätzend angesprochen.

A Erzieherin im Anerkennungsjahr (EiA)

1 Paradigmenwechsel im Berufsbild „Erzieherin"
2 Vorbereitung auf das Anerkennungsjahr

Vor dem Anerkennungsjahr: Prüfung bestanden!

Nach zwei Jahren Ausbildung an einer Fachschule/Fachakademie für Sozialpädagogik haben Sie erfolgreich Ihre theoretischen Prüfungen gemeistert – herzlichen Glückwunsch! Diesem Erfolg ging eine Vielzahl an Unterrichtsstunden, Klassengesprächen, Klausuren, Hausarbeiten, Referaten und Präsentationen voraus, die Ihnen unter anderem Einblicke in sozialpädagogische Arbeitsfelder, Konzepte und Methoden sowie in die Entwicklungspsychologie der Lebensalter ermöglichte. Durch das Absolvieren von Praktika haben Sie sich außerdem im Berufsfeld orientiert und wertvolle praktische Erfahrungen gesammelt. Nachdem zwei Drittel der Ausbildungszeit bewältigt sind, stellen Sie sich nun den berufspraktischen Herausforderungen – hierzu sei Ihnen viel Erfolg gewünscht.

Was Ihnen dieses Buch für die weitere Ausbildung bietet

Auf dem Weg zur Professionalisierung, der Sie zur staatlichen Anerkennung als Erzieherin führen wird, soll Ihnen dieses Ausbildungsbuch ein unterstützender Begleiter sein. Es nimmt direkten Kurs auf das von Ihnen gesetzte Ziel und berücksichtigt:

Ausbildungsphasen
- Orientierungs- und Eingewöhnungsphase
- Einarbeitungs- und Erprobungsphase
- Vertiefungs- und Verselbstständigungsphase

Perspektiven aller am Ausbildungsprozess Beteiligten
- Erzieherin im Anerkennungsjahr (EiA)
- Praxisanleitung
- Betreuungslehrkraft

Handlungsfelder
- Sozialpädagogische Arbeit mit Kindern/Jugendlichen
- Arbeit im Team
- Zusammenarbeit mit Eltern/Kooperationspartnern

Die Darstellung der berufspraktischen Anforderungen, das Angebot von Reflexionsfragen sowie die Vorschläge zur Anleitung und Bewertung bieten allen am Ausbildungsprozess Beteiligten höchste Transparenz. In Anlehnung an die Empfehlungen und Vorlagen des Buches können Interessen, Erwartungen, Wünsche und Anforderungen individuell formuliert und schließlich im direkten Kontakt mit Personen vorgetragen bzw. ausgehandelt werden.

Um das Anerkennungsjahr im Zeichen des Erfolges zu gestalten, sind einige wichtige Vorkehrungen zu treffen. Hierzu finden Sie unter dem Stichwort „Vorbereitung auf das Berufspraktikum" entsprechende Hinweise. Doch zunächst soll das Berufsbild „Erzieherin" durch eine gegenwartsbezogene Betrachtung gebührend gewürdigt werden.

1 Paradigmenwechsel im Berufsbild „Erzieherin"

Die Vorstellung von der Tätigkeit der Erzieherin hat sich in Deutschland über das letzte Jahrhundert hinweg stetig, während der vergangenen beiden Jahrzehnte jedoch vergleichsweise rasant verändert. Das hat vielschichtige Gründe, die hier nur angedeutet werden können. Zur Entstehungszeit des Kindergartens (*Kinderbewahranstalten* gegen Mitte des 19. Jh.) waren die Hauptanliegen kindlicher Betreuungsformen vor allem Beaufsichtigung, Pflege und altersgemäße Disziplinierung. Seitdem wurden Räumlichkeiten, (Material-)Angebote, Lerninhalte, Tagesabläufe etc. im Sinne unterschiedlicher pädagogischer Strömungen verändert und weiterentwickelt.

Eine sehr große Wirkung geht dabei auf die REGGIO-Pädagogik (Loris Malaguzzi) zurück, die sich während gesellschaftlicher Reformprozesse in Italien um 1960 strukturell und konzeptionell etablierte. Als Grundhaltung gilt: Kinder sind äußerst reich an Kompetenzen und Potenzialen und dem Erwachsenen ein gleichwürdiges Gegenüber (Materialquelle: *http://www.dialogreggio.de/index.html*).

Die ebenfalls an Bedeutung nicht zu unterschätzende Kinderladenbewegung Ende der 1960er Jahre in Deutschland veränderte auf ihre Weise den Blick auf das Kind. Freie Trägerschaften bzw. Elterninitiativen setzten klare Abgrenzungen zur institutionell verankerten autoritären Erziehung, die das Kind als unfertiges Wesen betrachtete, das der Führung und Korrektur bedarf.

Formen schwarzer Pädagogik waren zu Beginn der antiautoritären Erziehungsbewegung gesellschaftlich akzeptiert und alltagspädagogische Praxis; sie sind es zum Teil heute noch, worüber aufgeklärte pädagogische Denkrichtungen und eine öffentliche Erziehungsdebatte nicht hinwegtäuschen dürfen (empfohlene Literatur zu Geschichte und Konsequenzen der schwarzen Pädagogik: Miller, 2008).

Schließlich wurde zu Beginn der 1970er Jahre mit dem Situationsansatz ein bildungstheoretisches Konzept ins Leben gerufen, das mit den Zielbestimmungen *Autonomie*, *Solidarität* und *Kompetenz* kindliche Lebenssituationen zum Ausgangspunkt pädagogischen Handelns machte. Das Kind als handelndes Subjekt bzw. als Eigenakteur seiner Entwicklung und Bildung zu verstehen, wurde zu einem Orientierungspunkt in der Elementarpädagogik, setzte sich aber nicht breitflächig durch.

Im Zuge der Wiederbelebung des Situationsansatzes ab 1990, insbesondere seit der Formulierung der 16 konzeptionellen Qualitätsgrundsätze (vgl. Preissing, 2009, für weitere Informationen: *http://www.ina-fu.org/ista/*), und dem von Krenz entworfenen Situationsorientierten Ansatz zeichnet sich jedoch eine deutliche Veränderung in der Praxislandschaft ab. Mehr Erzieherinnen als je zuvor sind heute darum bemüht, die Lebenssituationen von Kindern und deren Familien zu erfassen und alle am kindlichen Entwicklungsprozess Beteiligten in ihrer Bedeutung für die professionelle pädagogische Arbeit anzuerkennen. Die Zusammenarbeit mit Eltern hat neue Anforderungshorizonte erreicht, nicht zuletzt, weil elterliche Erziehungs- und Beziehungsfähigkeit sowie familiäre Strukturen einem Wandel unterliegen, der gesamtgesellschaftliche Wurzeln hat. Aus diesem Grund ist die Organisation und Gestaltung von Netzwerken unerlässlich, damit Kinder mit sozial und kulturell unterschiedlicher Herkunft körperlich und psychisch gesund aufwachsen können. Wenn wir allein den Zeitraum nach der Veröffentlichung der ersten PISA-Studie 2002 betrachten, verging seither kaum ein Jahr, in dem nicht umfangreiche Neuanforderungen formuliert wurden: Erziehungs-, Bildungs- und Orientierungspläne, Sprach- und Begabtenförderung, Vereinbarkeit von Familie und Beruf, U3-Betreuung, Kooperation mit Grundschule, Ganztagsbetreuung, Erweiterung der Kitas zu Familienzentren (vgl. Schrader, 2009).

Hinzu kommen interessante und zum Teil bahnbrechende Erkenntnisse aus der Hirnforschung bzw. Neurobiologie, die gerade für die frühkindliche Entwicklung und Bildung Konsequenzen haben *müssen*. Nicht zuletzt zeigen politische, ökonomische und ökologische Krisen, dass Menschen das Recht zuzugestehen ist, über sich selbst zu bestimmen und demokratische Teilhabe zu erfahren. Hierzu sind Kinder entsprechend ihres Entwicklungsstandes von Beginn an zu befähigen. Die Forderung innerhalb der aktuellen Bildungsdebatte, den jüngsten Gesellschaftsmitgliedern die besten Pädagoginnen an die Seite zu stellen, hat wahrlich seine Berechtigung. Sozialpädagogische Institutionen und die dort arbeitenden Menschen müssen sich in immer kürzeren Zeiträumen an diese verändernden Bedingungen anpassen.

… bloß nicht hängen lassen!

Vor dem Hintergrund dieser Entwicklungen und Errungenschaften hat sich das Berufsprofil von Erzieherinnen stark verändert und ausdifferenziert. In diesem Sinne möchte dieses Ausbildungsbuch den hohen Anforderungen professionellen sozialpädagogischen Handelns Rechnung tragen. Zugleich soll aber auch sichergestellt werden, dass alle am Ausbildungsprozess Beteiligten gut für sich selbst sorgen (lernen). Wer gut für sich selbst sorgen kann, ist offen und sensibel für die Befindlichkeit derer, die ihm anvertraut sind.

2 Vorbereitung auf das Anerkennungsjahr

Im Verlauf Ihrer theoretischen Ausbildung haben Sie verschiedene sozialpädagogische Arbeitsfelder aus erster und zweiter Hand kennengelernt. Sie absolvierten mindestens zwei Praktika in Einrichtungen, deren Betreuungsklientel sich hinsichtlich des Entwicklungsalters unterschied und erhielten Einblicke in konzeptionell unterschiedliche Arbeitsformen. Das Anerkennungsjahr mit Freude und Erfolg zu absolvieren setzt voraus, dass Sie gut informiert und in Übereinstimmung mit sich selbst und Ihren individuellen Kompetenzen die Wahl Ihrer Ausbildungs-Praxisstelle treffen.

2.1 Die richtige Praxisstelle finden

Sicher haben Sie ein Gespür dafür entwickelt, ob Ihnen die Arbeit mit Kindern unter 3 Jahren, mit Kindern im Vorschulalter oder mit Schulkindern bzw. Jugendlichen besonders viel Freude bereitet. Darüber hinaus werden Sie vielleicht das Interesse verspüren, sich spezifischen Anforderungen zu widmen: etwa der Betreuung von entwicklungs- bzw. lernbeeinträchtigten Kindern oder von Kindern/Jugendlichen, die außerhalb ihrer Familien in Einrichtungen der Erziehungshilfe leben. Egal, zu welchem besonderen Schwerpunkt Sie sich hingezogen fühlen, bei der Wahl Ihrer Ausbildungs-Praxisstelle kommt es auf die Kompatibilität folgender Bereiche an:

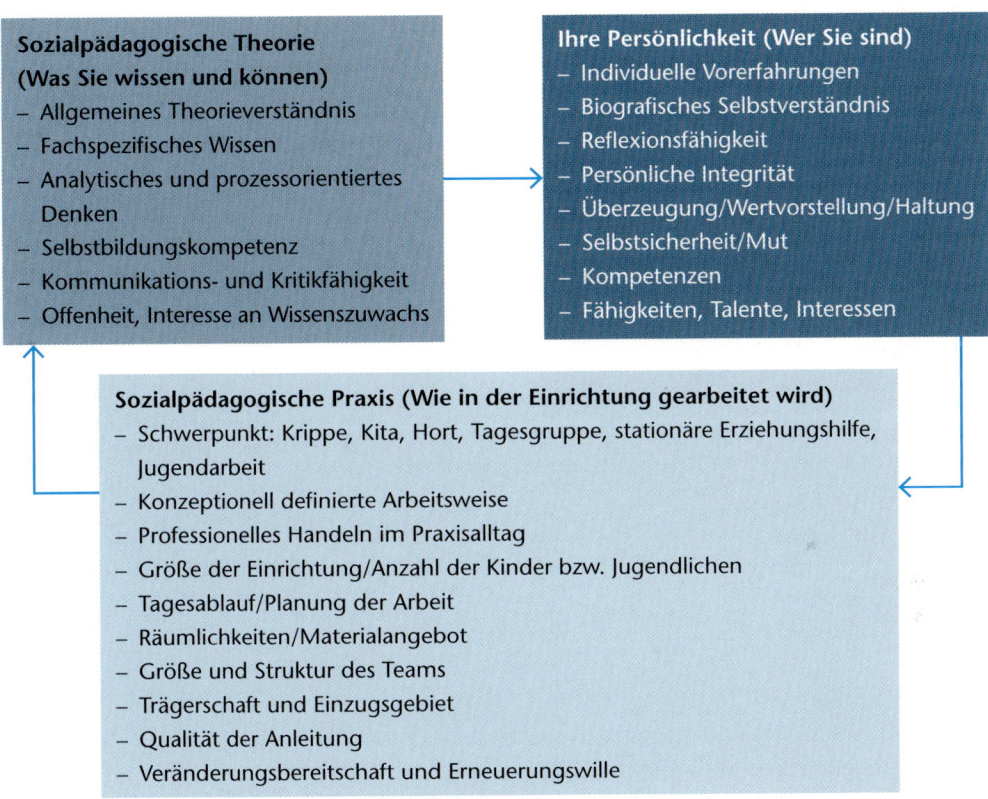

Erfahrungen von Erzieherinnen im Anerkennungsjahr bestätigen immer wieder, dass mehrere Hospitationen in sozialpädagogischen Einrichtungen nötig sind, bevor man *seine* Ausbildungs-Praxisstelle gefunden hat. Orientieren Sie sich nicht allein an Kriterien wie Wohnortnähe und schönen Räumlichkeiten oder an dem Gefühl, dass man Sie während der Hospitation freundlich behandelt hat; nicht Sie sind das Kind, das versorgt werden will. Dennoch geht es auch um Ihr Wohlergehen während zwölf erlebnisreicher und herausfordernder Monate. Dieses Wohlergehen hängt stark davon ab, wie in der von Ihnen favorisierten Einrichtung Menschen prinzipiell miteinander umgehen: Träger mit Angestellten, Erzieherinnen mit Kolleginnen bzw. Eltern und – das ist der zentrale Punkt – wie wertschätzend Sie den Ihnen anvertrauten Kindern/Jugendlichen begegnen.

> *Sichten Sie frühzeitig mögliche Praktikumsstellen für das Anerkennungsjahr (neun Monate vor Arbeitsbeginn). Hospitieren Sie in mehreren Einrichtungen möglichst ganztägig. Nehmen Sie Einblick in die Konzeption. Gleichen Sie die Kompatibilitätskriterien ab (siehe Schema). Entscheiden Sie sich nach Gefühl und mit Verstand.*

2.2 Reflexion: Meine Stärken – meine Unsicherheiten

„Die Entwicklung einer **beruflichen Identität** ist kein automatischer Prozess, der in dem Augenblick beginnt, wo Menschen sich für den Beruf entscheiden, sondern ein aktiver Entwicklungsvorgang der bewusst gesucht und aufgebaut werden will/muss."
(Krenz, Kompetenz und Karriere, 1994, S. 64)

Die Kultusministerkonferenz hat das Ausbildungsziel und Qualifikationsprofil der Fachschulen/Fachakademien für Sozialpädagogik klar formuliert. Die nachfolgend ausgewählten Merkmale skizzieren die Professionalisierungsinhalte, die als Grundlage dieses Ausbildungsbuches zu verstehen sind:

„Kinder und Jugendliche zu erziehen, zu bilden und zu betreuen erfordert Fachkräfte, […]
- die als Personen über ein hohes pädagogisches Ethos, menschliche Integrität sowie gute soziale und persönliche Kompetenzen und Handlungsstrategien […] verfügen.
- die im Team kooperationsfähig sind. […]
- die in der Lage sind, sich im Kontakt mit Kindern und Jugendlichen wie auch mit Erwachsenen einzufühlen, sich selbst zu behaupten und Vermittlungs- und Aushandlungsprozesse zu organisieren."

(Ständige Konferenz der Kultusminister, Rahmenvereinbarung, i. d. F. vom 03.03.2010, S. 21)

In diesem Kapitel geht es um den **Entwicklungsprozess, der eine berufliche Identität einleitet** und aufrecht erhält. Dieser Prozess hat bereits während Ihrer theoretischen Ausbildung eingesetzt, erfahrungsgemäß jedoch nicht immer ausreichend Raum und Zeit einnehmen können. Nutzen Sie bis zum Beginn Ihres Anerkennungsjahres die Gelegenheit, sich bewusst mit Ihren Stärken und Ihren Unsicherheiten im Hinblick auf die künftigen beruflichen Anforderungen auseinanderzusetzen.

A. Krenz unterscheidet hierfür drei Reflexionsebenen (vgl. Krenz, 1994, S. 64 f.):

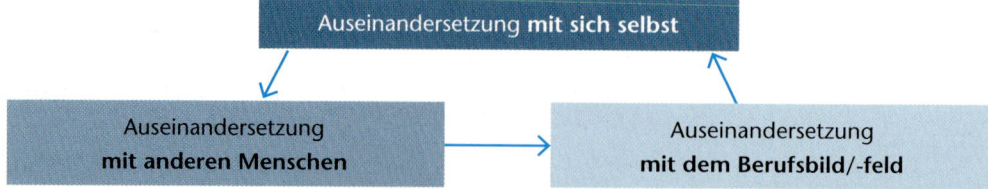

Die Auseinandersetzung mit sich selbst ist im sozialpädagogischen Professionalisierungsprozess keine Anforderung, die man wahlweise anerkennen oder ablehnen kann. Sie ist eine notwendige Voraussetzung dafür, von reaktivem und emotional ungeklärtem Denken und Handeln zu reflektiertem und professionellem Denken und Handeln zu gelangen.

2.2.1 Auseinandersetzung mit sich selbst – Humankompetenz

→ *Grundlegende Informationen zur Humankompetenz finden Sie im Lehrbuch Erziehen, bilden und begleiten, S. 41.*

Wir alle haben eine jeweils einzigartige Geschichte, die von unserer Erziehung, Sozialisation und dem Entstehen unserer Persönlichkeit erzählt. Unsere genetische Ausstattung ist dabei genauso unverwechselbar wie die emotionalen, sozialen und kognitiven Spuren im Gehirn, die unsere zwischenmenschlichen Beziehungserfahrungen abbilden. Joachim Bauer erläutert in seinem Buch „Das Gedächtnis des Körpers" (Bauer, 2009, S. 44 f.) die nachweislich individuelle Reaktion unseres neurobiologischen Stresssystems. Wie anhand von Berichten über erlebte Konflikte, Krisen, Schicksalsschläge angenommen werden kann, mögen wir über ein vergleichbares Maß an Stress*erleben* verfügen, unsere körperlichen Stress*reaktionen* fallen jedoch äußerst unterschiedlich aus.

Zahlreiche Forschungsergebnisse, die durch Beobachtung und Untersuchung von Jungtieren vorliegen, lassen für die menschliche Entwicklung folgende Aussage zu: Frühe Bindungserfahrungen haben beachtliche Langzeitfolgen, weil sie die Empfindlichkeit des neurobiologischen Stresssystems regulieren bzw. *einstellen*. Bis ins Erwachsenenalter hinein leiten uns (meist unbewusst) die Ausläufer unserer frühesten Erlebnisse und werden so zum **Ausgangspunkt unseres Empfindens, Denkens und Handelns**. In aktuellen Situationen können wir also deshalb nicht *klar* fühlen, denken und handeln, solange die biografischen Wurzeln unseres Stresserlebens unreflektiert Einfluss darauf nehmen. Diese Stress-Wurzeln speichern unsere frühesten Gefühle (Freude, Trauer, Wut, Angst) und speisen daraus jede Verästelung unseres Erlebens. Sie sind es auch, die in die Gestaltung unserer zwischenmenschlichen Beziehungen hineinwirken.

Wenn Sie sich damit beschäftigen, welche menschlichen Beziehungen und Lernerfahrungen Ihr individuelles inneres Muster geprägt haben, widmen Sie sich einer bereichernden Aufklärungsarbeit. In der Regel ist es schwer, auf eigene Faust solche inneren Muster aufzudecken. Und es ist möglich, dass Sie sich nicht nur an gute Situationen (positive Bindungserlebnisse, soziale Unterstützung), sondern auch an schmerzhafte Ereignisse erinnern (Vernachlässigung, Misshandlung, Missbrauch). In der Auseinandersetzung mit sich selbst sind hilfreiche Begleiter immer eine willkommene Unterstützung: eine Freundin, ein Partner und/oder themenbezogene Lektüre (z. B. Bradshaw/Schröder, 2000; Miller, 2009). Wenn Sie das Gefühl haben, professionelle Hilfe in Anspruch nehmen zu wollen, scheuen Sie sich nicht einen Therapeuten aufzusuchen (Wie findet man einen guten Therapeuten? Hilfreiche Informationen finden Sie auf der Seite *www.therapie.de*). Die Seele braucht viel mehr Aufmerksamkeit, als ihr für gewöhnlich zuteil wird – insbesondere, wenn Menschen sich für einen helfenden Beruf entscheiden.

Kaufen Sie sich ein schönes Reflexions- oder Tagebuch für die folgenden Übungen, um darin Ihren persönlichen Entwicklungsweg zu dokumentieren.

Erziehungsbotschaften

- Welche Erziehungsbotschaften wurden an mich gerichtet
    - als Kleinkind?
    - als Schulkind?
    - als Jugendliche?
    - als junge Erwachsene?

- Notieren Sie Aussagen und Aufforderungen Ihrer Eltern, Großeltern, Erzieherinnen, Lehrerinnen, Ausbilderinnen …, durch die Sie sich reglementiert, bewertet oder bedroht gefühlt haben, wie zum Beispiel: „Wenn du noch einmal …!", „Du bist noch viel zu klein, um …!", „Wenn du nicht sofort …, dann …!", „Das schaffst du nie!", „Was glaubst du eigentlich, wer du bist?", „Wie kann man nur so blöd sein!", „Schäme dich!"

- Spüren Sie nach, was **negative Erziehungsbotschaften** in Ihnen bewirkt oder ausgelöst haben. Versetzen Sie sich zurück in die Lage des kleinen Mädchens/des kleinen Jungen, bei dem diese Aussagen aufgetroffen sind. Versuchen Sie, die damaligen Gefühle zu benennen. Achten Sie darauf, was die Begegnung mit diesen Gefühlen heute für Sie bedeutet. Schreiben Sie dies auf, skizzieren Sie Ihre Empfindungen oder entwerfen Sie ein Bild, indem Sie Ihre „gefühlten" Erfahrungen zum Ausdruck bringen. Wiederholen Sie diese Übung immer dann, wenn Sie den Eindruck haben, von „alten" Mustern gelenkt zu werden.

- Stellen Sie auch eine Liste für **positive Erziehungsbotschaften** und deren Wirkung auf. Hier liegen Ihre persönlichen Stützpfeiler, die Ihnen dabei helfen, den persönlichen Entwicklungsprozess auszubalancieren.

Fördernde und hemmende Faktoren der Identitätsentwicklung/ Professionalisierung

Gehen Sie für diese Übung in der Erinnerung so weit zurück, wie es Ihnen möglich ist. Nehmen Sie sich viel Zeit. Wenn Sie auf Antworten stoßen, halten Sie diese in Ihrem Reflexions-Buch fest.
Welche Faktoren haben die Entwicklung meiner Persönlichkeit gefördert/gehemmt?

- **Personen:**
    - Wer hat mich (nicht) ernst genommen/unterstützt/verstanden/wertgeschätzt/lieb gehabt?
    - Wer hat mir (nicht) vertraut/etwas zugetraut/geholfen/Feingefühl entgegen gebracht?
    - Wer hat (nicht) meine Grenzen respektiert/kindlichen Bedürfnisse erfüllt?

    Definieren Sie Ihr Entwicklungspotenzial
    - Wie haben Sie damals auf diese Personen reagiert? Wie reagieren Sie heute auf Personen, die auf gleiche oder ähnliche Weise mit Ihnen umgehen? Wie gut geht es Ihnen damit?
    - Setzen Sie sich Ziele, um Ihre persönlichen Grenzen im privaten bzw. beruflichen Umfeld besser aufzeigen zu können. Dadurch vermeiden Sie, andere Menschen (vor allem Kinder) aus ungeklärten Gefühlen heraus abwehren oder sanktionieren zu müssen. Wie man Ziele erfolgreich formuliert und realisiert, können Sie weiter unten im „Vertrag mit mir selbst" nachlesen.

> *Die Anerkennung und Klärung bislang zu wenig beachteter oder gar unterdrückter Erfahrungen und Gefühle ist die Bedingung einer wachsenden persönlichen Integration, die das „kleine Mädchen", den „kleinen Jungen" in Ihnen liebevoll annimmt und versteht – und nicht im Außen ablehnen, bewerten und reglementieren muss.*

- **Ereignisse:**
    - In welchen Situationen habe ich mich (nicht) wohlgefühlt?
    - Welche Anlässe haben in mir ein Gefühl von Stärke/Verunsicherung ausgelöst?
    - Welche Ereignisse sehe ich als positive/negative Veränderung in meiner Biografie?

- **Definieren Sie Ihr Entwicklungspotenzial:**
    - Wie aktiv oder passiv waren Sie an der Gestaltung der erinnerten Situationen/Anlässe/Ereignisse beteiligt? Wie aktiv oder passiv stehen Sie heute Situationen/Anlässen/Ereignissen gegenüber, die Sie persönlich betreffen? Wie gut geht es Ihnen damit?
    - Setzen Sie sich Ziele, um Ihre aktive Gestaltungskraft und persönliche Integrität zu steigern.

> *Frühe Erfahrungen müssen uns nicht notwendig ein Leben lang prägen und unsere Empfindungs- bzw. Verhaltensweisen festlegen. Lassen Sie sich durch diese Erkenntnis zur aktiven Identitätsarbeit ermutigen, die Sie zu persönlichem Wachstum führen wird.*

Ich bin ich bin ich:
Das „Zwiebelmodell der Persönlichkeit"

Ausgehend von M. Birkenbihls „Schichten der Persönlichkeit" bietet das Zwiebelmodell die Erhellung unserer (professionellen) Identität. Ebene um Ebene oder Schale um Schale dringt es tief zum Kern des Selbst vor. Es verhilft uns dazu, von gesprochenen Worten oder ausgeführten Handlungen zu den Wurzeln zu gelangen, aus denen sich unser Persönlichkeitsprofil nährt.

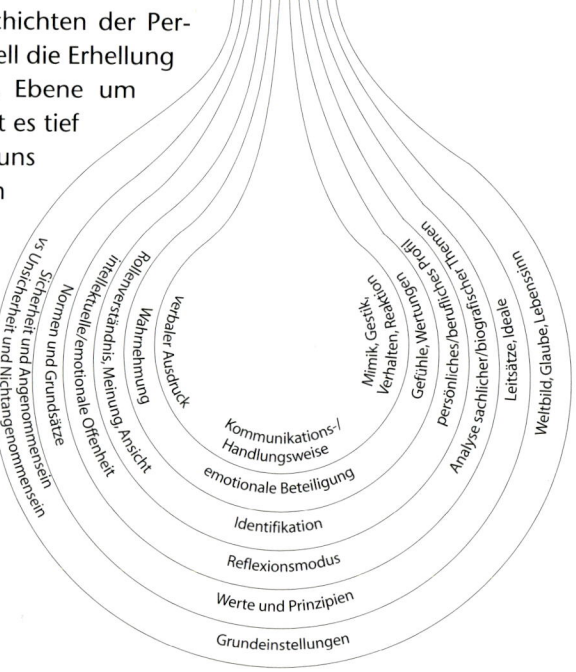

Hier ein Beispiel:

	Erzieherin I	Erzieherin II
Grundeinstellungen	Das menschliche Zusammenleben beruht auf der Unterweisung der jüngeren durch die ältere Generation. Erfahrene Menschen geben ihre Weisheiten und Wahrheiten an Unerfahrenere weiter, um diese lebens- und gesellschaftsfähig zu machen.	Das menschliche Zusammenleben beruht auf gegenseitigem Respekt und der Wertschätzung der Person – egal, wie alt diese ist. Begegnungen sind gleichwürdig zu gestalten, nur so kann ein Individuum lebens- und demokratiefähig werden.
Werte und Prinzipien	Ich bin als Erzieherin für das jetzige und zukünftige Verhalten von Kindern und Jugendlichen verantwortlich. Zu meiner Vorbildfunktion gehört, ihnen meine Werte zu vermitteln.	Ich möchte als Erzieherin Kindern und Jugendlichen die Möglichkeit geben, sich in ihren Verhaltensweisen zu erproben und darin ihre und meine Grenzen zu erfahren.
Reflexionsmodus	So, wie ich bin, ist es gut und in Ordnung. Unangenehme oder verletzende Erfahrungen hat jeder schon gemacht; sie haben mir nicht geschadet, sondern mich für das Leben abgehärtet. Wenn mich andere infrage stellen, zeige ich ihnen, wen sie vor sich haben!	Ich bin ich, weil alle meine Vorerfahrungen in mir wirken. Dazu gehören auch unangenehme und verletzende Erlebnisse, die aber nicht die Kontrolle über mich gewinnen sollen, sondern die ich verarbeiten und in meine Persönlichkeit integrieren will. Wenn mich andere infrage stellen, spreche ich von mir als Person und habe den Anspruch, dass der andere das auch tut.
Identifikation/ Rollenverständnis	Ich weiß als Erzieherin, was gut und richtig für Kinder ist; wenn ich sage, wo es lang geht, kommen sie auf den richtigen Weg und tanzen mir auch nicht auf der Nase herum. Gemeinsame Regeln sorgen dabei für Orientierung und Sicherheit.	Ich erkenne an, dass Kinder wissen, was gut und richtig für sie ist; wenn ihnen Erfahrungen fehlen, möchte ich ihnen ermöglichen, ein Gefühl für sich selbst und ihre Situation zu entwickeln. Das Zusammenleben regeln wir durch gemeinsames Aushandeln.

	Erzieherin I	Erzieherin II
Emotionale Beteiligung	Mütterlich, gestresst. „Ich habe meine Augen und Ohren überall: Kinder sind anstrengend, weil sie ihre Gefühle nicht regulieren können und oft nach Beschäftigung suchen. Aber sie können auch sehr lieb sein, vor allem, wenn sie tun was ich sage."	Partnerschaftlich, gelassen. „Ich nehme die Kinder individuell wahr: Sie sind vielseitig und kreativ/impulsiv und empathisch/aggressiv und hilflos – je nach persönlicher Lebenslage, die wir Erwachsenen mit verantworten."
Kommunikations-/ Handlungsweise	• „Das hast du aber schön gemacht, dafür darfst du dir jetzt auch ein Spiel aussuchen." • „Setz dich jetzt hin und sei still, die anderen Kinder fragen sonst, warum du weinst!" • „Wir essen alle unsere Teller leer!" • „Erst machst du das zu Ende, dann kannst du etwas anderes anfangen." • „Wenn du das noch einmal machst, dann warst du das letzte Mal für diese Woche im Außengelände!"	• „Ich freue mich mit dir, dass du das ganz alleine geschafft hast!" • „Willst du dich zu mir setzen, du siehst so traurig aus?" • „Es ist völlig o.k., wenn du das nicht aufessen möchtest. Probiere es das nächste Mal einfach mit einer kleineren Portion." • „Hast du das Interesse daran verloren oder brauchst du Hilfe?" • „Ich möchte nicht, dass du mich anschreist, aber es interessiert mich, was dich so wütend macht."

- Nutzen Sie das Zwiebelmodell, um Ihre individuellen Schalen der Persönlichkeit aufzudecken. Gehen Sie dabei Schale um Schale vor. Wählen Sie eine persönlichen Aussage oder Handlungsweise aus. Schreiben Sie diese in Ihr Reflexions-Buch. Gehen Sie dann eine Ebene um die andere tiefer, um zum Kern Ihres Selbst vorzudringen. Betrachten Sie Ihre Wurzel: Was erfahren Sie über sich selbst? Haben Sie Grundeinstellungen bzw. Werte und Prinzipien einst fraglos und unkritisch oder bewusst und reflektiert angenommen?

- Überprüfen Sie, ob Ihre Grundeinstellungen tatsächlich noch Gültigkeit haben oder ob sie präzisiert bzw. aktualisiert werden müssen. Wenn Sie Ihre Grundeinstellungen bestätigt oder neu formuliert haben, gehen Sie nun wieder Schale um Schale nach oben. Sind alle Eintragungen nun noch stimmig oder drängt es Sie zu Veränderungen auf den oberen Ebenen?
Viel Freude bei der Häutung!

Es ist sinnvoll, sich diese Übung zur Gewohnheit zu machen. Gute Anlässe dafür sind Situationen, in denen Sie nach den *richtigen* Worten oder dem *richtigen* Verhalten suchen. Der Lohn ist, die eigene Persönlichkeit klarer zu spüren, diese für andere erfahrbar werden zu lassen und Handlungssicherheit zu gewinnen. Dieser Weg führt Sie zur **Selbst-Integration**.

2.2.2 Auseinandersetzung mit anderen Menschen – Sozialkompetenz

→ *Grundlegende Informationen zur Sozialkompetenz finden Sie im Lehrbuch Erziehen, bilden und begleiten, S. 42.*

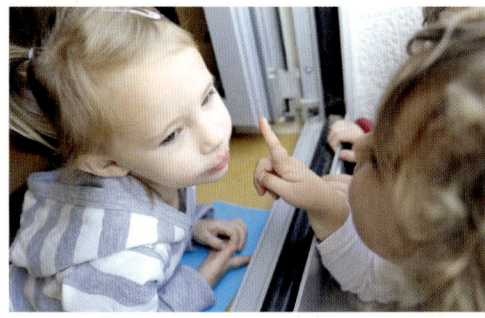

Ich + Du = Wir

Als soziale Wesen sind wir von Geburt an auf ein Gegenüber angewiesen, um im Laufe unserer Entwicklung ein Bild von uns selbst gewinnen zu können. Kompetenzen, die zur **Aufnahme und zum Erhalt von Beziehungen** mit anderen Menschen befähigen, sind bereits im Verhaltensrepertoire des Säuglings klar erkennbar. Vertraute Menschen um sich zu haben bedeutet, Sicherheit zu empfinden, aber auch Freude, Austausch, Inspiration. Wie gut wir unsere Sozialkompetenz festigen und differenzieren hängt stark von den Kompetenzen unserer ersten Bindungspartner/-innen sowie all derer ab, die zu unserem sozialen Einflussbereich zählen (Familie, Freunde, Mitschüler/-innen, Erzieher/-innen, Lehrer/-innen, mediale Vorbilder, Liebespartner/-innen etc.).

Ihr Reichtum an Sozialkompetenzen ist so individuell wie Ihre Persönlichkeit. In diesem Abschnitt können Sie Ihre sozialen Kommunikations- und Verhaltensweisen überprüfen. Vielleicht wird Ihnen an der einen oder anderen Stelle bewusst, dass Sie nach immer gleichen Mustern argumentieren und handeln. Gerald Hüther spricht in diesem Zusammenhang von „Autobahnen in unserem Hirn" (Hüther, 2009, S. 77). Halten Sie also inne und betrachten Sie die Landschaft Ihrer sozialen Kompetenzen. Eröffnen Sie sich neue Wege, die Sie zu gelingenden Begegnungen mit Menschen in Ihrem künftigen beruflichen Umfeld führen.

Kommunikations- und Verhaltensweisen in der Begegnung mit anderen Menschen

- Versetzen Sie sich für diese Übung in typische Gesprächssituationen. Reflektieren Sie, inwiefern Ihre persönlichen „Verhaltensautobahnen" ein erfolgreiches kommunikatives Miteinander erleichtern oder erschweren. Notieren Sie hierzu die Antworten in das Reflexionsbuch. Ergänzen Sie diese Notizen durch die Nennung von konkreten Gefühlen, die Sie bei solchen Gesprächen empfinden.

In persönlichen Gesprächen mit	Gleichaltrigen	meiner Mutter/ meinem Vater	(älteren) Erwachsenen
• kann ich mich besonders gut darstellen, wenn … • stört es mich sehr, wenn … • fühle ich mich unterlegen, wenn …			
In fachlichen Gesprächen mit	Kommilitoninnen	Lehrerkräften	Praxisanleitung
• kann ich mein Wissen besonders gut vermitteln, wenn … • werde ich unsicher, wenn … • enthalte ich mich einer Aussage, wenn …			
In situativen Gesprächen mit	(Klein-)Kindern	Schulkindern	Jugendlichen
• bin ich offen und interessiert, wenn … • werde ich ungeduldig oder ungehalten, wenn … • fühle ich mich hilflos, wenn …			

- Nachdem Sie sich bewusst gemacht haben, welche Faktoren Ihre Kommunikation steuern bzw. beeinflussen, halten Sie dies unbedingt als persönliches Fazit fest. Im „Vertrag mit mir selbst" (am Ende des Kapitels) können Sie dazu konkrete Veränderungsvorhaben formulieren.

Transaktionsanalyse

Das von Eric Berne (1910–1970) entwickelte „**Ich-Zustands-Modell**" (Transaktionsanalyse) basiert auf der Grundlage der freudschen Psychoanalyse und erweitert die Theorie der menschlichen Persönlichkeit um eine sehr anschauliche Variante. Berne hat menschliche Befindlichkeiten sowie Kommunikations- und Verhaltensweisen drei unterschiedlichen Ich-Zuständen zugeordnet, die auch Sie mit etwas Übung sowohl bei sich selbst als auch bei anderen Personen entdecken können. Die Kommunikation oder Interaktion zweier oder mehrerer Personen ist sehr stark vom jeweiligen Ich-Zustand der interagierenden Beteiligten beeinflusst. Schauen wir uns zunächst die Ich-Zustände mit ihren Besonderheiten an:

Das Kindheits-Ich

Verhaltensebene:
- spontan sein, genießen können
- sich von fremden Erwartungen bestimmt fühlen
- wenig Selbstreflexion (Beispiel: „Schuld sind immer die anderen")
- bei allen beliebt sein wollen/es allen recht machen wollen
- geringes Durchhaltevermögen, eine wankelmütige Meinung haben
- Vorurteile hegen, Vermutungen statt Fachwissen anführen, zu Verallgemeinerungen neigen
- über andere reden – nicht *mit* ihnen
- sehr emotional sein
- Kritik nicht konstruktiv sondern als Angriff auf die eigene Person verstehen
- Fremdkritik nur dann äußern, wenn die betroffene Person nicht da ist
- harmoniesüchtig sein, Konflikte und Unangenehmes umgehen, Auseinandersetzungen vermeiden
- auf dem eigenen Standpunkt beharren
- meckern ohne Gegenvorschläge einzubringen
- Selbstverantwortung scheuen
- aus Angst vor Konsequenzen (belächelt, zurecht gewiesen werden) keine eigenen Ideen einbringen
- nicht per „ich", sondern per „man" sprechen

Kommunikationsebene: Hier werden Aussagen getroffen wie …
- „Wenn die anderen schon so viel reden, dann halte ich mich eben zurück."
- „Ist mir doch egal, was die Chefin denkt!"
- „Wenn Sie wollen, dann nehme ich jetzt nicht meine Vorbereitungszeit."
- „Pia kann ja überhaupt nicht mit kleineren Kindern umgehen, hast du gesehen, wie sie den Moritz hinter sich her geschleift hat?"
- „Ihr seid ja alle unmöglich, mit euch kann man nicht zusammenarbeiten!"
- „Ich finde es auch nicht gut, dass Vera von ihrer Mutter so oft angeschrien wird, aber was soll man da schon machen?!"
- „Eigentlich wollte ich die Kinder entscheiden lassen, aber Sie wissen das ja sicher besser."

„Ich will aber morgen kein pädagogisches Angebot machen!"

Das Eltern-Ich

Verhaltensebene:
- sich auf *unerschütterliche* Vorerfahrungen berufen; jüngeren Menschen das eigene Weltbild als allgemeingültige *Wahrheit* verkünden
- für andere sorgen und damit Abhängigkeitsverhältnisse schaffen
- sich über die berufliche Rolle definieren
- kindliche Freiräume nur schwerlich anerkennen
- sich umfassend entwickelt und gebildet fühlen
- sich unentbehrlich machen
- Kontrolle über Situationen und Verläufe behalten wollen
- die eigene Machtposition gegenüber unterlegenen Personen ausspielen
- andere beurteilen/sanktionieren
- Konflikte vor allem auf der Beziehungsebene austragen
- wissen was gut/schlecht für andere ist
- moralisieren
- vor anderen keine Gefühle der Schwäche eingestehen
- Wut und Ärger bei Unterlegenen ablassen
- mit anderen konkurrieren
- anderen ihre Fehler aufzeigen (obwohl man selbst welche begeht)

Kommunikationsebene: Hier werden Aussagen getroffen wie ...
- „Solange du die Füße unter meinen Tisch stellst ..."
- „Du wirst schon sehen, dass dir das nichts bringt."
- „Das können Sie gar nicht beurteilen, solange Sie keine eigenen Kinder haben."
- „Wie kann man nur so vor sich hin träumen, hast du nichts Sinnvolles zu tun?"
- „In der Sache kann mir keiner was vormachen."
- „Lassen Sie mich das besser tun, dann weiß ich, dass es ordentlich erledigt wird."
- „Da wird Tim aber traurig sein, wenn du dich bei ihm nicht entschuldigst."
- „Willst du wirklich nichts mehr essen – du *musst* doch noch Hunger haben"
- „So, so, da glaubt ein kleiner Mann wohl den Pascha spielen zu können."
- „Was habt ihr denn schon wieder angestellt?"

„Dir **ist** kalt und wir ziehen eine Jacke an!"

Das Erwachsenen-Ich

Verhaltensebene:
- anderen Menschen (egal welchen Alters) gleichwürdig begegnen
- innovativ sein, ein Leben lang lernen
- nicht aus der Anpassung heraus Risiken vermeiden

- positive und negative Kritik aussprechen bzw. annehmen können
- Veränderungen wahrnehmen und angemessen darauf reagieren
- eine fachlich und persönlich *erwachsene* Haltung haben (und weiter entwickeln)
- mit Menschen sprechen (nicht *über* sie)
- Macht- und Abhängigkeitsverhältnisse vermeiden
- Gefühle benennen und bei sich belassen (nicht anderen aufbürden)
- Fehler/Schwächen eingestehen können
- gut strukturiert und organisiert sein
- für sich selbst Sorge tragen und dies auch anderen zugestehen
- ein Berufsethos haben, die eigene Professionalisierung in Gang halten
- klar und selbstbewusst kommunizieren
- Genuss und Arbeit nicht als reine Gegensätze erleben

Kommunikationsebene: Hier werden Aussagen getroffen wie …

- „Nein, ich bin nicht sauer auf euch sondern ehrlich gesagt etwas ratlos – lasst uns gemeinsam überlegen, wie der Schaden behoben werden kann."
- „Ich befürchte nicht, dass sich Herr Lenner von mir angegriffen fühlen wird – mir ist jedenfalls wichtig, ihm in der Angelegenheit meine Wahrnehmung zu vermitteln."
- „Ich fühle mich durch die Vertretungsarbeit diese Woche ziemlich belastet und brauche ab Montag wieder meine reguläre Vorbereitungszeit."
- „Danke für das kollegiale Feedback! Ich habe mich wirklich in die Idee mit dem Theaterspiel verrannt und deshalb nicht erkennen können, dass sich die Kinder von mir unter Erwartungsdruck gesetzt fühlten."

Das angepasste und das rebellische Kindheits-Ich/Das fürsorgliche und das kritische Eltern-Ich

In der Weiterentwicklung der Transaktionsanalyse ergaben sich zusätzliche Differenzierungen, die bei der Suche nach den eigenen (und fremden) Ich-Stadien hilfreich sind. Ordnen Sie den oben genannten Verhaltens- und Kommunikationsbeispielen jeweils eine besondere Ausprägung zu:
- Wann agiert das *angepasste*, wann das *rebellische* Kindheits-Ich?
- Wann agiert das *fürsorgliche*, wann das *kritische* Eltern-Ich?
- Was unterscheidet das Erwachsenen-Ich prinzipiell von den anderen Ich-Zuständen?

Meine Ich-Zustände

Wenn Ihnen die Unterschiede deutlich geworden sind, versuchen Sie, das Ich-Zustand-Modell auf sich selbst anzuwenden. Bedenken Sie, dass alle Ich-Zustände in Ihrem persönlichen Erfahrungsbereich liegen können: Das Kindheits-Ich birgt einerseits Formen der Unterwerfung, aber auch Originalität, Kreativität und Widerstand. Das Eltern-Ich kennt Fürsorglichkeit und Verantwortungsbewusstsein, aber auch autoritäres Lenken und erzieherisches Manipulieren. Das Erwachsenen-Ich steht für abwägende Rationalität und geklärte Emotionalität. So dürfte es im Grunde niemanden geben, der von sich sagen kann, selbst nur einen Ich-Zustand einzunehmen.

- Welchen Personen gegenüber agiere ich vermehrt im Zustand des angepassten/des rebellischen Kindheits-Ich?
  Gibt es hierbei besondere situative Auslöser?

- Welchen Personen gegenüber agiere ich vermehrt im Zustand des fürsorglichen/des kritischen Eltern-Ich?
  Gibt es hierbei besondere situative Auslöser?

- Welchen Personen gegenüber agiere ich vermehrt im Zustand des Erwachsenen-Ich?
  Gibt es hierbei besondere situative Auslöser?

* Notieren Sie Ihre Antworten in das Reflexionsbuch.

* Wie gut fühlen Sie sich mit den aufgedeckten Ich-Zuständen? Welche Formen der Kommunikation und des Verhaltens wollen Sie gern beibehalten? Welche möchten Sie ändern? Setzen Sie sich für Ihre Kommunikations- und Verhaltensweisen im Umgang mit anderen Menschen wieder konkrete Ziele.

> *Eines ist klar: Wer im Kindheits-Ich agiert, hat häufig ein Eltern-Ich vor sich (und umgekehrt). Achten Sie von nun an verstärkt auf diese Komplementärerscheinung, indem Sie sich selbst oder andere sachlich darauf hinweisen. Wer den Modus des Erwachsenen-Ich anstrebt bzw. vermehrt einnehmen will, erntet bald die Früchte einer lohnenden Entwicklungsarbeit!*

2.2.3 Auseinandersetzung mit dem Berufsbild/-feld – Sachkompetenz

→ *Grundlegende Informationen zur Sachkompetenz finden Sie im Lehrbuch Erziehen, bilden und begleiten, S. 41.*

Ist Ihre Entscheidung für einen sozialpädagogischen Arbeitsschwerpunkt schon gefallen? Selbst wenn Sie bereits eine Ausbildungs-Praxisstelle gefunden haben, können Sie sich mithilfe der folgenden Fragestellungen auf die Zeit der beruflichen Professionalisierung vorbereiten.

Erziehen, bilden und begleiten in der Krippe

Kinder unter drei Jahren in ihrer Entwicklung zu fördern und zu begleiten erfordert großes Einfühlungsvermögen und ein fundiertes Fachwissen. Nicht selten werden die Anforderungen in der Arbeit mit 0- bis 3-Jährigen unterschätzt, doch gerade hier ist solide pädagogische Handlungsfähigkeit als Fundament zu verstehen, auf dem die weitere Entwicklungsgeschichte des Kindes aufbaut.

Entscheidung für die Arbeit mit den Jüngsten

- Aus welcher Motivation heraus möchten Sie mit Kindern dieser Altersgruppe arbeiten?
- Welches Fachwissen haben Sie über das Entwicklungsalter 0–3 Jahre gesammelt?
- Wie gut können Sie Kontakt zu Kindern in diesem Alter aufnehmen? Wie gestalten Sie diesen Kontakt?
- Reflektieren Sie darüber, was eine gute Fachkraft-Kind-Beziehung ausmacht. Tragen Sie hierzu Ihre fachlichen Kenntnisse und vorhandenen Kompetenzen in die Tabelle ein (vgl. Hessisches Sozialministerium, 2010, S. 21):

Die Fachkraft-Kind-Beziehung in der Krippe

	Meine fachlichen Kenntnisse	Meine Kompetenzen
Emotionale Zuwendung		
Sicherheit		
Stressreduktion		
Explorations-unterstützung		
Assistenz (ko-konstruktives Vorgehen)		

- Skizzieren Sie einen Tagesablauf in der Krippe. Beziehen Sie alle pädagogischen und alltäglichen Abläufe (z. B. Essen, Schlafen, Pflege) mit ein.
- Vergegenwärtigen Sie sich, für welche Formen der Zusammenarbeit mit Erwachsenen (Eltern, Kolleginnen, Träger, Frühförderung etc.) Sie offen und kompetent sein sollten.

Auf Augenhöhe mit den Kleinen

Erziehen, bilden und begleiten in der Kindertagesstätte:

„Kinder gestalten ihre Bildung und Entwicklung von Geburt an aktiv mit und übernehmen dabei entwicklungsangemessen Verantwortung, denn der Mensch ist auf Selbstbestimmung und Selbsttätigkeit hin angelegt. Bereits sehr kleine Kinder sind eher aktive Mitgestalter ihres Verstehens als passive Teilhaber an Umweltereignissen und können ihre Bedürfnisse äußern. Sie wollen von sich aus lernen, ihre Neugierde und ihr Erkundungs- und Forscherdrang ist der Beweis. Sie lernen mit Begeisterung und mit bemerkenswerter Leichtigkeit und Geschwindigkeit. Ihr Lerneifer, ihr Wissensdurst und ihre Lernfähigkeit sind groß. Sie haben viele intelligente Fragen und sind reich an Ideen und Einfällen. Mit zunehmendem Alter und Wissenserwerb werden sie zu „Experten", deren Weltverständnis in Einzelbereichen dem der Erwachsenen ähnelt. In ihrem Tun und Fragenstellen sind Kinder höchst kreative Erfinder, Künstler, Physiker, Mathematiker, Historiker und Philosophen. Sie wollen im Dialog mit anderen an allen Weltvorgängen teilnehmen, um ihr Weltverständnis kontinuierlich zu erweitern. Im Bildungsgeschehen nehmen Kinder eine aktive Gestalterrolle bei ihren Lernprozessen ein, sie sind Akteure mit eigenen Gestaltungsmöglichkeiten."
(Bayerisches Staatsministerium, Der Bayerische Bildungs- und Erziehungsplan, 2006, S. 23)

„(…) Es erweist sich zunehmend als erforderlich, sensibler als bisher den kulturellen, ethnischen und sozialen Hintergrund der Kinder zu reflektieren. Angemahnt werden Bildungskonzepte, die auch auf soziale Phänomene wie Armut, soziale Ausgrenzung, Migration und Mobilität angemessen eingehen.
(…) Der sich seit einiger Zeit vollziehende Wandel von Familienstrukturen, z. B. Ein-Eltern-Familien, sowie die zunehmend diskontinuierlich verlaufenden Familienbiografien, z. B. Trennung, Scheidung, Wiederheirat, von denen immer mehr Kinder betroffen sind, richten neue Erwartungen an das Bildungssystem, Kindern die Kompetenz zur Bewältigung von Übergängen und Veränderungen zu vermitteln."
(Bayerisches Staatsministerium, Der Bayerische Bildungs- und Erziehungsplan, 2006, S. 18)

Die im bayerischen Bildungs- und Erziehungsplan formulierten Anforderungen an Erzieherinnen und Frühpädagoginnen (siehe Auszug oben) verdeutlichen den hohen Anspruch an die Erziehung, Bildung und Begleitung in Kindertagesstätten.

Schlüsselbegriffe im kindlichen Entwicklungs- und Bildungsprozess

- Filtern Sie aus den Textauszügen des Bayerischen Bildungs- und Erziehungsplans zunächst einzelne Schlüsselbegriffe heraus, die

  1. das Kind als Mitgestalter seiner Entwicklung und Bildung beschreiben und
  2. die Unterschiedlichkeit kindlicher Lebenswelten hervorheben.

- Notieren Sie diese Schlüsselbegriffe. Legen Sie anschließend für jedes Schlüsselwort ein eigenes Cluster an (*Cluster* siehe Erziehen, bilden und begleiten, Lehrbuch, S. 24). Berücksichtigen Sie in unterschiedlichen Cluster-Armen,
  - welche Anforderungen an die pädagogische Fachkraft gestellt werden, die das Kind in Bezug auf den Schlüsselbegriff unterstützen will.
  - welche räumlichen/materiellen Bedingungen förderlich sind.
  - welche Bedeutung Teamarbeit in diesem Zusammenhang hat.
  - wie die Kooperation mit Eltern in diesem Zusammenhang zu gestalten ist.

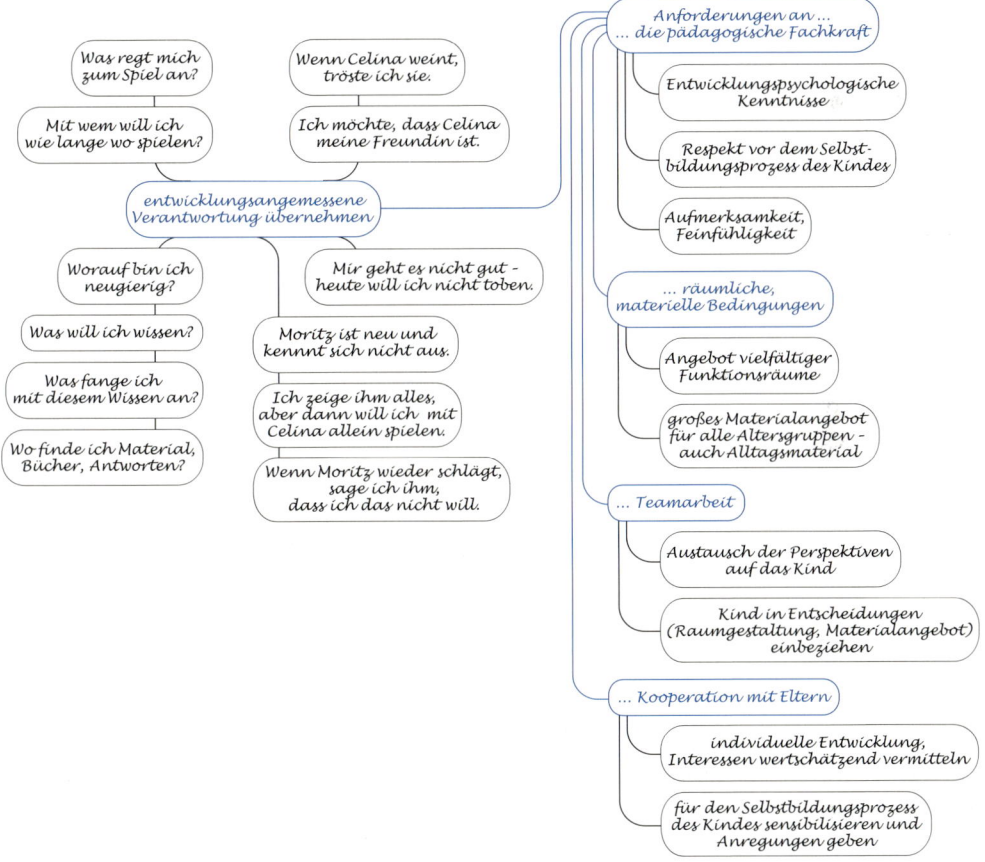

Beispiel-Cluster zum Schlüsselbegriff „Entwicklungsangemessene Verantwortung übernehmen"

- Wenn Sie die Aufgabe für sich zufriedenstellend bearbeitet haben, prüfen Sie bitte kritisch, wie Sie die Umsetzung dieser einzelnen Anforderungen in Ihren bisherigen Praktika erlebt haben (sehr gut berücksichtigt, gut, in Teilen, wenig, minimal, gar nicht).
- Resümieren Sie schließlich, wie Sie Ihre Kompetenzen in Vorbereitung auf das Arbeitsfeld „Kindertagesstätte" erweitern wollen:
    - Humankompetenz = Welche biografischen, zwischenmenschlichen, fachpraktischen Erfahrungen möchten Sie differenziert reflektieren und in Ihr Selbst integrieren?
    - Sozialkompetenz = Welche Kommunikations- und Verhaltensformen möchten Sie bewusst einüben, um Ihr Persönlichkeitsprofil zu stärken?
    - Sachkompetenz = Wie möchten Sie Ihr Theoriewissen erweitern? Auf welche Weise können Sie Ihr künftiges Praxisfeld erkunden?
- Setzen Sie sich hier wieder konkrete Ziele und halten Sie diese schriftlich fest.

Ziele festlegen …

Erziehen, bilden und begleiten im Hort/in der Tagesgruppe/in der stationären Erziehungshilfe:

„Viele Schülerinnen und Schüler leben in einem Soziotop (Familie und Umfeld), das wenig konstruktive Entwicklung und Wachstum erlaubt und wenig positive, annehmbare Orientierung bietet. Sie fühlen sich in ihrem Umfeld beengt, weil dessen Strukturen nicht mehr ihrer Entwicklung, ihren Erwartungen und Bedürfnissen entsprechen bzw. selbst widersprüchlich sind. Im Schulalltag und in oft angespannten Familiensituationen (Streit, enge Wohnverhältnisse, Berufstätigkeit beider Eltern, Trennung der Eltern, symbiotische Beziehungen, Inkonsequenz des Verhaltens der Eltern) finden zahlreiche Schülerinnen und Schüler nur wenig Raum für konstruktive Aneignung, Produktivität, Expressivität und Kreativität (…).
Identität und Selbstwertgefühl der Schüler sind dadurch oft beeinträchtigt, ihre Selbsteinschätzung ist unrealistisch. Viele ältere Schüler tun sich dann schwer, sich für neue Erfahrungen zu interessieren, sich auf neue Erfahrungen einzulassen und eine positive, aktive Lebenshaltung zu entwickeln. (…) Die familiäre Situation von vielen Kindern und Jugendlichen ist meist vielseitig belastet: Durch sozio-ökonomische Bedingungen und durch Schwierigkeiten in der Familienentwicklung, im Familiensystem, in der familiären Interaktion (…). Kinder und Jugendliche reagieren auf emotionale und soziale Benachteiligung auch auf der Handlungsebene (,Ich kann machen, was ich will': Grenzüberschreitungen, Null-Bock, Aggressivität, Leistungsverweigerung etc.). Sie sind kaum in der Lage, selbst ihre Situation emotional oder auf der Verhaltensebene zu verarbeiten, um in ihrem Umfeld (bzw. ihrem Lebenssystem) für sich konstruktive Veränderungen herzustellen. Kinder und Jugendliche reagieren auf Erwachsene, die außerhalb ihres Lebenssystems stehen, oft sehr skeptisch, distanziert und vorsichtig."
(Kaplan/Becker, Handbuch, 1997, S. 89)

Beim Lesen dieses Auszuges wird deutlich, dass die Lebenssituationen von Kindern, die Sie im Hort, der Tagesgruppe oder in einem Kinder-/Jugendheim antreffen, besondere Themen und Problematiken aufweisen können. Mit höherem Entwicklungsalter steigen nicht nur die äußeren, insbesondere die schulischen Anforderungen, es kommen auch andere (körperliche) Bedürfnisse und stärkere Autonomiebestrebungen auf. Sie müssen darauf gefasst sein, dass frühe Sozialisationserfahrungen die eine oder andere junge Persönlichkeit unter Umständen stark geschädigt haben (körperliche Vernachlässigung, emotionale Verwahrlosung, mediale Überfütterung, Misshandlung oder Missbrauch). Wenn die Integrität eines Kindes durch die Hortbetreuung nicht wieder hergestellt werden kann – nicht zuletzt, weil hier der kontinuierliche Austausch mit Eltern wenig gewährleistet ist – bietet die Tagesgruppe besondere Unterstützungsformen für Kinder und deren Familien an. Bestehen darüber hinaus Gefahren für die physische und psychische Gesundheit des Kindes, wurden Kinder in ihren Bindungserfahrungen traumatisch verletzt oder erweist sich die Mutter und/oder der Vater als erziehungsunfähig, wird für das betroffene Kind ein möglichst passender Platz in der stationären Erziehungshilfe gesucht.

Verständnis für das Arbeitsfeld entwickeln

- Vertiefen Sie durch Hospitationen und/oder Gespräche mit sozialpädagogischen Fachkräften Ihren Einblick in die Arbeitsfelder Hort/Tagesgruppe/stationäre Erziehungshilfe. Lesen Sie zusätzlich Fachliteratur, die Einblicke in die Arbeitsfelder bietet (siehe Literaturliste). Wählen Sie Tagesgruppen oder Kinder-/Jugendheime nur dann für Hospitationen aus, wenn Sie prinzipiell in diesem Bereich arbeiten wollen; bloße Neugier sollte hier nicht gestillt werden.

Verständnis vertiefen ...

- Entwickeln Sie für alle drei Bereiche ein Anforderungsprofil für Erzieherinnen. Begründen Sie den Eintrag identischer bzw. unterschiedlicher persönlicher, sozialer und fachlicher Kompetenzen.

Anforderungsprofil	Arbeitsfeld Hort	Arbeitsfeld Tagesgruppe	Arbeitsfeld stationäre Erziehungshilfe
Persönliche Kompetenzen			
Soziale Kompetenzen			
Fachliche Kompetenzen			

- Überprüfen Sie abschließend, in welchem Arbeitsfeld Sie über die meisten Kompetenzen verfügen. Stellen Sie sich selbst eine kritisch reflektierte Eignung aus und sprechen Sie darüber mit Ihrer Betreuungslehrkraft, bevor Sie sich für eine Ausbildungs-Praxisstelle bewerben.

In diesem Kapitel konnten Sie für das bevorstehende Anerkennungsjahr

- tieferen Kontakt zu Ihrer biografisch geprägten Persönlichkeit aufnehmen und den aktuellen Stand Ihrer persönlichen, sozialen sowie sachlichen Kompetenzen erfahren.
- Ziele setzen, die persönlich, erreichbar, messbar und überprüfbar sind.
- Ihre Kommunikations- und Verhaltensweisen sowie Ihr Theoriewissen einer reflektierten Überprüfung unterziehen. Dadurch haben Sie neue Weichen für einen offenen, empathischen und erfolgversprechenden Umgang mit Menschen gestellt.
- den Einblick in sozialpädagogische Arbeitsfelder vertiefen, entsprechende Anforderungen an professionelle Fachkräfte ermitteln und Ihre persönliche Eignung testen.

Halten Sie Ihren persönlichen Professionalisierungsprozess über Ihre Ausbildungszeit hinaus sorgsam in Gang, denn:

„Identitätsgrenzen sind gleichzeitig Professionalitätsgrenzen."
(Krenz, 1994, S. 74)

„Vertrag mit mir selbst"

Ihre Erkenntnisse aus den vorangegangenen Übungen sollen nun in einen „Vertrag" fließen. Schließen Sie diesen Vertrag spätestens dann mit sich selbst ab, wenn Sie eine Ausbildungs-Praxisstelle haben. Auf diese Weise können Sie gleich zu Beginn des Anerkennungsjahres sehr gezielt Kompetenzen einbringen bzw. erweitern und am Abbau von Unsicherheiten arbeiten.

Tipp 1: Formulieren Sie Ihre Ziele so, dass diese

- **persönlich** auf Sie zutreffen:
  nicht die Erwartungen anderer formulieren, sondern überlegen, was das Ziel mit der eigenen Person und der aktuellen Ausbildungsphase zu tun hat.

- auch wirklich **erreichbar** sind:
  in kleinen, konkreten Schritten denken: „Ich sollte mal darauf achten, mich mehr einzubringen ...", ist eine ungenaue Formulierung. Besser: „Morgen werde ich mich in der Teamsitzung zu Wort melden und davon berichten, was ich im Begleitunterricht zum Thema ‚Partizipation von Kindern' erarbeitet habe."

- **messbar** bleiben:
  WIE häufig will ich in welcher Zeit WAS tun? Finden Sie einen persönlichen Entwicklungs-Maßstab: „Heute bin ich mit meiner Zielverfolgung sehr/ziemlich/wenig/gar nicht zufrieden. Meine Konsequenz für morgen: ...!"

- durch Sie selbst **überprüfbar** sind:
  WANN habe ich WAS gut umgesetzt? Erstellen Sie ein Ist-/Soll-Konto für einzelne Fähigkeiten.
  (vgl. Krenz, 1994, S. 81 f).

Tipp 2: Schließen Sie den Vertrag für die Zeit der Orientierungs- und Eingewöhnungsphase ab und nicht für das gesamte Anerkennungsjahr. Für jede Ausbildungsphase ist ein eigener Vertrag ratsam und hilfreich.

Tipp 3: Besprechen Sie zu Beginn des Anerkennungsjahres einzelne Vertragspunkte mit Ihrer Praxisanleitung. Treffen Sie gemeinsame Vereinbarungen, um die Erfüllung des Vertrages in Ihrem Sinne und im Sinne der Praxisanforderungen realisieren zu können.

Tipp 4: Versuchen Sie in den nächsten Wochen im privaten Umfeld einzelne Vertragspunkte zu erproben (Familie, Freundeskreis).

Tipp 5: Die Inhalte Ihrer Verträge eignen sich sehr gut für Reflexionen im Begleitunterricht und mit Ihrer Praxisanleitung. Mithilfe der Verträge geht Ihnen außerdem der rote Faden Ihres Professionalisierungsprozesses nicht verloren. Im Abschlussbericht am Ende des Anerkennungsjahres können Sie die Vertragsinhalte schließlich gut zur Dokumentation der Gesamtreflexion heranziehen.

Vertrag

Hiermit schließe ich, _____ (Name), einen Vertrag mit mir selbst.
Inhalt dieses Vertrages sind meine Kompetenzen und Unsicherheiten.
Für die Erfüllung dieses Vertrages bin allein ich verantwortlich.
Falls ich Unterstützung brauche oder wünsche, werde ich mich darum kümmern diese zu erhalten.
Bei der Formulierung der Vertragspunkte achte ich darauf, dass diese persönlich, erreichbar, messbar und überprüfbar sind.

Meine Human-, Sozial-, Sachkompetenzen einbringen/ausbauen (was ich besonders gut umsetzen kann und will im Umgang mit mir selbst/mit Kolleginnen/mit Kindern)
Vertragspunkt 1
Vertragspunkt 2
Vertragspunkt 3
…

Meine Unsicherheiten im Zusammenhang mit Human-, Sozial-, Sachkompetenzen abbauen (worin ich mich üben will im Umgang mit mir selbst/mit Kolleginnen/mit Kindern)
Vertragspunkt 4
Vertragspunkt 5
Vertragspunkt 6
…

Was ich zur Unterstützung brauche (Hilfestellung durch die Praxisanleitung/das Team; Austausch mit der Studierendengruppe; Beratung durch die Betreuungslehrkraft; fachliterarische Texte …):
Zu Vertragspunkt 1)
Zu Vertragspunkt 2)
…

Ort, Datum, Unterschrift

B Willkommen – Ankommen! Die Orientierungs- und Eingewöhnungsphase

3 Erzieherin im Anerkennungsjahr (EiA)
4 Praxisanleitung
5 Betreuungslehrkraft

3 Erzieherin im Anerkennungsjahr (EiA)

In den nächsten zwölf Monaten werden Sie vielen neuen Menschen begegnen und fachlichen Herausforderungen gegenüberstehen. In diesem Kapitel werden Sie darin unterstützt, Schritt für Schritt in Ihre neuen Aufgaben hineinzuwachsen. Während der Vorbereitung auf das Anerkennungsjahr haben Sie bereits ein Reflexionsbuch geführt. Führen Sie dieses in Ihrem eigenen Interesse weiter; viele Übungen können und sollten Sie im Zuge sich steigernder Anforderungen wiederholen.

Einen großen Dienst erweisen Sie sich auch durch das Führen eines **pädagogischen Tagebuchs**. Darin können Sie täglich

- Erlebnisse, Vorfälle, Wahrnehmungen
- Sicherheiten/Unsicherheiten
- Erfahrungen, persönliche Erfolge/Misserfolge
- Fragen, Wünsche, Infos (z. B. an Kommilitoninnen, die Begleitlehrkraft, die Praxisanleitung)
- Ideen, Vorhaben

festhalten.

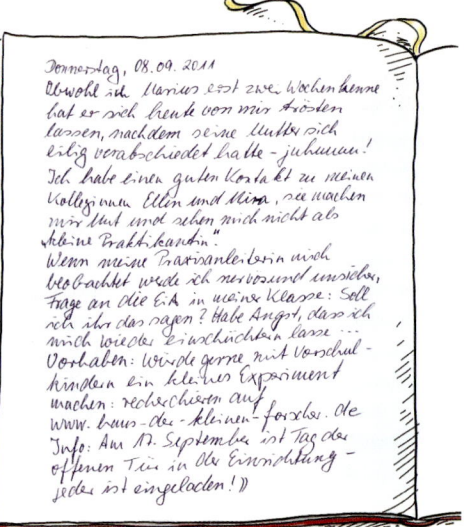

Ihr individueller Weg bleibt auf diese Weise Phase für Phase bis zur Gesamtreflexion des Anerkennungsjahres nachvollziehbar. Nicht zuletzt sind die Einträge sicher oft genug Anlass für eine mündliche Beteiligung im Begleitunterricht.

3.1 Sozialpädagogische Arbeit mit Kindern und Jugendlichen

Sie haben von nun an täglich mit jungen Menschen zu tun. Von den meisten werden Sie sicher freudig empfangen, doch es gibt auch zurückhaltende und ängstliche Kinder/Jugendliche. Geben Sie jedem die Zeit, die er braucht, um Sie als neues Mitglied des Teams kennenzulernen. Das bedeutet jedoch nicht etwa, stille Kinder auf Sie warten zu lassen. Hier ist Feinfühligkeit das leitende Prinzip.

Kontaktaufnahme ...

3.1.1 Kontaktaufnahme und Beziehungsaufbau

Offene und selbstsichere Personen sind in der **Kontaktaufnahme** mit fremden Menschen ganz präsent und für ihr Gegenüber *erfahrbar*: Sie sind sich ihrer Körpersprache bewusst, geben aufrichtige mimische Signale (lächeln, wenn sie sich freuen; schauen überrascht, wenn sie sich überrumpelt fühlen …) und gehen intuitiv auf ihre Kommunikationspartner ein. Was das Kennenlernen vieler unterschiedlicher Menschen erschwert, ist die Tatsache, dass jede Person eine individuelle *Resonanz* zeigt.

Hier eine Checkliste, mit deren Hilfe Sie Ihr Kontaktaufnahmeverhalten selbst reflektieren können:

Checkliste Kontaktaufnahmeverhalten	immer	manchmal	nie
1. Ich komme „offen" in den Raum (Blickkontakt zu allen Anwesenden).			
2. Ich habe ein selbstsicheres Auftreten (aufrechte Körperhaltung, klare Gesten).			
3. Ich bin ansprechbar (ruhig, nicht in Gedanken vertieft).			
4. Ich gehe Dialoge ein (Interesse zeigen, Fragen stellen – nicht ausfragend).			
5. Ich kann aktiv zuhören (Aussagen, Gefühle etc. spiegeln).			
6. Ich zeige mein Verständnis/Unverständnis wertschätzend (wahrnehmbar, aber nicht bewertend).			
7. Ich gehe auf zurückhaltende Personen zu (um den 1. Schritt zu machen, nicht um sie zu konfrontieren).			
8. Ich lasse mich „einladen" (zu einem Spiel/einer Entdeckung, zu Körperkontakt).			
9. Ich erkenne und wahre die Grenzen der anderen Person (wenn diese sich zurückziehen will, nicht antworten möchte, mir Gefühle der Ablehnung zeigt etc.).			
10. Ich vermittle meine eigenen Grenzen (wenn ich etwas nicht möchte, mir etwas zu viel wird, ich mich nicht ernst genommen fühle etc.).			

Gehen Sie diese Checkliste regelmäßig durch und überprüfen Sie Ihr Kontaktaufnahmeverhalten in der Begegnung mit Kindern/Jugendlichen, mit Kolleginnen, mit Eltern, mit Kooperationspartnern.

Tauschen Sie Ihre Erfahrungen in Bezug auf Kontaktaufnahmen im Begleitunterricht und mit Ihrer Praxisanleitung aus.

Eine feinfühlige Kontaktaufnahme ist die beste Basis für den **Beziehungsaufbau**.

> *Die soziale Beziehung im sozialpädagogischen Arbeitsfeld ist ein Prozess wechselseitigen kommunikativen und interaktiven Austauschs. Sie basiert auf Freiwilligkeit und hat zum Ziel, das Selbstbild und die persönliche Integrität der beteiligten Partner zu wahren und in ihrer Entwicklung zu unterstützen.*

Eine soziale Beziehung bedeutet mehr als *sich kennen*. Sie erfordert selbstverantwortliche Beteiligung und kann nicht erzwungen werden – auch nicht von einer pädagogischen Fachkraft. Für das professionelle sozialpädagogische Arbeitsfeld sind einige Prinzipien hervorzuheben, die aus dem *alltäglich* verwendeten Beziehungsbegriff nicht ohne Weiteres abgeleitet werden können, weil dieser zumeist wenig reflektiert gebraucht wird.

Beziehungsgestaltung im sozialpädagogischen Arbeitsfeld

Prinzip der Wertschätzung: Eine Person ist, wer sie ist, aufgrund vorausgegangener Erfahrungen und Lebensumstände. Es steht mir nicht zu, diese zu bewerten oder aus purem Eigeninteresse *verändern und/oder verbessern* zu wollen. Auch meiner Person gegenüber ist das Prinzip der Wertschätzung anzuerkennen.

Prinzip der Selbstverantwortung: Ich sorge gut für mich selbst und drücke aus, was gut/schlecht für mich ist. Übergriffe einer anderen Person benenne ich dieser gegenüber unmissverständlich und ohne diese zu entwürdigen. Dadurch gelingt es mir, gesunde Grenzen zu erhalten.

Sich gut aufgehoben fühlen ...

Prinzip der Unabgeschlossenheit: Meine Persönlichkeit und die Persönlichkeit aller anderen Menschen ist lebenslang im Prozess. Jeder hat deshalb das Recht sich zu entwickeln und innerhalb der Beziehung Raum für persönliches Wachstum zu bekommen. Prognosen wie „Aus dir wird nie etwas werden" haben selbsterfüllenden Charakter und widersprechen diesem Prinzip.

Prinzip der Einzigartigkeit: Jede Person ist einzigartig, unvergleichbar und reich an Potenzialen. Ihr Entwicklungsweg und -tempo ist individuell, weshalb ein allgemeiner Maßstab zur Beurteilung von Kompetenzen und Fähigkeiten diesem Prinzip nicht gerecht wird.

Prinzip der Verlässlichkeit: Ich stehe zu meinen Aussagen, die überlegt getroffen sind. Es gibt keine Ambivalenz und Launenhaftigkeit, durch die ich Störungen in die Beziehung trage. Durch Erfahrung und Wissenszuwachs entwickle ich meine Haltung weiter und steigere die Integrität meiner Person.

Prinzip der Echtheit: Meine Erfahrungen, aktuellen Befindlichkeiten und Wahrnehmungen gehören zu mir. Sie geben meiner Person eine unverwechselbare Kontur, durch die ich für andere *erfahrbar* werde. Wenn ich mich verstelle, täusche ich andere Menschen.

Prinzip der Ausgewogenheit: Wenn ich durch das Prinzip der Echtheit andere Menschen überfordere (z. B. sehr junge Kinder) oder zu übergehen drohe, weil *deren* Echtheit Raum und verstärkte Aufmerksamkeit braucht (z. B. Kinder/Jugendliche in akuten emotionalen Stresssituationen), balanciere ich die Situation aus. Ich bleibe dennoch *erfahrbar* (indem ich etwa meine Überlastung oder gesundheitliche Einschränkung benenne), kann diese aber in den Hintergrund stellen. Zu einem späteren Zeitpunkt oder in anderen Beziehungen bzw. in einer Supervision gestehe ich mir meinen zurückgehaltenen Balanceteil zu.

Prinzip der Vorbild-Kultur: Alle bisher genannten Prinzipien verwirkliche ich nach den mir gegebenen Möglichkeiten; an einer gelingenden Umsetzung arbeite ich kontinuierlich. Für kritisch-konstruktive Rückmeldungen meiner Beziehungspartner bin ich offen. Wenn mein Gegenüber (insbesondere Kind/Jugendlicher) die Prinzipien der Beziehung (noch) nicht versteht oder von diesen abweicht, werde ich die Beziehung dennoch im Sinne der Prinzipien gestalten. Damit bewahre ich die Vorbild-Kultur. Kinder/Jugendliche mit deren eigenen Unreifen zu konfrontieren („Wie du mir so ich dir") widerspricht dem Prinzip der Vorbild-Kultur.

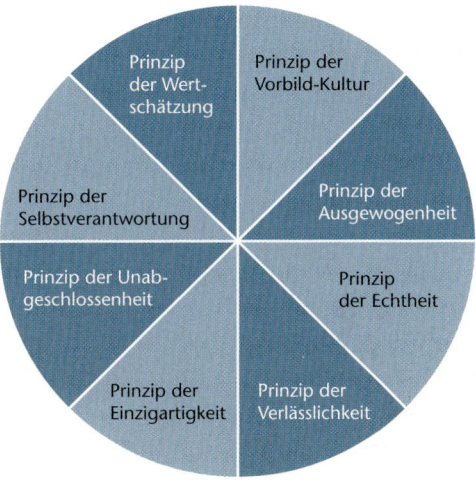

„Dort, wo Menschen (…) Verantwortung für andere tragen, sollte die Fähigkeit, Beziehungen zu gestalten, zur Meisterschaft entwickelt sein."
(Bauer, Prinzip Menschlichkeit, 2010, S. 198)

- In Ihrem Arbeitsfeld gestalten Sie zahlreiche Beziehungen mit Kindern/Jugendlichen/Erwachsenen. Überprüfen Sie, ob diese

    - den oben aufgeführten Prinzipien der Beziehungsgestaltung genügen.

    - auf **Machtverhältnissen** beruhen. Hierzu ein Beispiel:

    Beispiel: Veronika ist EiA und seit 6 Wochen in einem Hort tätig. Mit Leon aus der 2. Klasse hat sie so ihre Schwierigkeiten, denn er scheint nicht auf ihr Beziehungsangebot eingehen zu wollen. Dabei meint sie es nur gut mit ihm, wenn sie ihn zum Hausaufgabenmachen von den anderen Kindern wegsetzt. So lenkt er sich selbst und die anderen weniger ab und kann früher zum Spielen ins Außengelände gehen. Wie sich Leon dabei fühlt und wie die anderen betroffenen Kinder die Situation erleben, hat Veronika nicht erfragt; ihr aber geht es jetzt besser.

    - zu **Abhängigkeitsverhältnissen** werden.

Beispiel: Janina ist seit 3 Wochen EiA in einer Kindertagesstätte. Gemeinsam mit ihr ist auch Emma (3,1 Jahre) in die Einrichtung gekommen. Janina und Emma mögen sich sehr und sind schnell zueinander in Beziehung getreten. Da Emma bereits eine Krippe besucht hat, fiel ihr die Eingewöhnung leicht. Inzwischen schließt sie sich öfter zwei anderen Mädchen im Vorschulalter an, die sich fürsorglich um Emma kümmern, diese aber auch empathisch in ihre Spiele mit einbeziehen. Janina spürt, dass Emma ihr entgleitet. Um die Beziehung zu ihr zu erhalten nimmt sie Emma von nun an oft auf ihren Wegen durch die Einrichtung mit, um sie mit allem vertraut zu machen. Manchmal wehrt sich Emma, aber wenn Janina sie ganz lieb auffordert, folgt sie ihr doch.

- Beobachten Sie die Beziehungsgestaltung zwischen Erwachsenen im sozialpädagogischen Arbeitsfeld: Was fällt Ihnen auf? Welche Prinzipien der Beziehungsgestaltung sehen Sie verwirklicht/nicht verwirklicht? Wen möchten Sie gern auf ein vernachlässigtes Beziehungsprinzip ansprechen?

Reflektieren Sie die Beziehungsgestaltung mit Kindern/Jugendlichen im sozialpädagogischen Arbeitsfeld gemeinsam mit Ihrer Praxisanleitung.

- Üben Sie die **teilnehmende Beobachtung** und lernen Sie dadurch zahlreiche Facetten der Persönlichkeit Ihres Gegenübers kennen. Für die Gestaltung einer Beziehung ist es hilfreich und wichtig, möglichst viel über ein Kind/einen Jugendlichen zu erfahren.

- Sehen Sie außerdem Entwicklungsbögen, Lerngeschichten, Portfolios (gemeinsam mit dem Kind) bzw. Hilfe- oder Erziehungspläne ein.

- Nehmen Sie die Beziehungsgestaltungen zwischen Kindern und Kindern, sowie zwischen Kindern und Eltern wahr. Achten Sie darauf, sich dabei nicht von Bewertungen anderer Personen beeinflussen zu lassen. Jede **individuelle Perspektive** auf ein Kind/einen Jugendlichen kann die Chance bedeuten, eine weitere Facette seiner einzigartigen Persönlichkeit zu beleuchten.

> *„Beziehung" (zwischenmenschliche Anerkennung, Wertschätzung, Zuwendung, Zuneigung, Liebe) ist die Grundlage aller Lebensmotivation: Weil wir auf soziale Resonanz und Kooperation angelegte Wesen sind, setzt unser Organismus in gelingenden Beziehungen Wohlfühlbotenstoffe frei, die unsere Motivationssysteme nähren und uns lohnende Ziele anstreben lassen (vgl. Bauer, 2010, S. 35 f.).*

→ *Ergänzende Literatur: Friedrich, 1999.*

Übergänge gestalten

Mit Beginn Ihres Anerkennungsjahres kommen sicher auch neue Kinder in die Einrichtung. Besonders für junge Kinder, die zum ersten Mal eine Kinderbetreuungsstätte besuchen, ist dieser Übergang (Transition) eine wichtige Entwicklungschance, die aber zugleich die Krise des vorübergehenden Scheiterns birgt.

„Übergänge, mit denen jede Erzieherin zu tun hat, sind der Übergang von der Familie in die Krippe oder der Übergang von der Familie bzw. Familie/Krippe in den Kindergarten sowie der Übergang vom Kindergarten in die Grundschule (in den Hort). Als Zielvorstellung ließe sich nennen:
Nach Abschluss des Übergangsprozesses soll sich das Kind als kompetentes Krippenkind/Kindergartenkind/Schulkind erleben, das sich wohl fühlt und die Angebote der Einrichtung für seine individuelle Entwicklung z. B. im emotionalen und sozialen aber auch im kognitiven und körperlichen Bereich, optimal nutzen kann."
(Niesel/Griebel: Übergänge sind Chancen, 2004, S. 10)

Folgende Basiskompetenzen sind erforderlich, um eine Transition erfolgreich zu bewältigen:

- **persönlichkeitsbezogene Kompetenzen**, wie ein positives Selbstwertgefühl/Selbstkonzept
- **motivationale Kompetenzen**, wie Neugier, Selbstregulation und Vertrauen in die Selbstwirksamkeit
- **kognitive Kompetenzen**, wie Denkfähigkeit, Wissensaneignung und Kreativität
- **physische Kompetenzen** der Grob- und Feinmotorik sowie die Fähigkeit zur Regulation körperlicher Anspannung (Stress)
- **soziale Kompetenzen**, wie Einfühlungsvermögen und Perspektivenübernahme, Kommunikations- und Kooperationsfähigkeit, Konfliktlösefertigkeiten

(vgl. Niesel/Griebel, 2004, S. 11)

Klären Sie mit Ihrer Praxisanleitung, welche Aufgaben Sie in der Gestaltung kindlicher Übergangserfahrungen übernehmen können.

- Nehmen Sie wahr, auf welche Weise Eltern die Transition ihres Kindes begleiten.
- Verfolgen Sie während der nächsten Wochen, welches Bindungsverhalten Ihr Bezugskind gegenüber seinen primären Bindungspartnern zeigt und machen Sie sich dazu Notizen.

→ *Grundlegende Informationen zum Bindungsverhalten finden Sie im Lehrbuch Erziehen, bilden und begleiten, S. 179 f.*

3.1.2 Bezugskinder

Wahrscheinlich unterstützen Sie von Beginn an den individuellen Transitionsprozess eines oder mehrerer Bezugskinder. Achten Sie sorgsam auf Ihr Kontaktaufnahmeverhalten und Ihre Beziehungsgestaltung. Ein Kind, das Ihnen als Bezugskind zugeordnet ist, *kann*, muss aber keine tiefe Beziehung bzw. Bindung zu Ihnen eingehen. Vielleicht sucht es sich im Kreis Ihrer Kolleginnen weitere Vertraute. Gestehen Sie ihm dies zu. Manchmal ist ein Wechsel von Bezugskindern sogar unerlässlich, wenn die „Chemie" nicht stimmt.

Beispiel: Milena (1,8 Jahre) streift neugierig durch den Gruppenraum. Sie schaut ein wenig hier, ein wenig da und scheint sich als Beobachterin richtig gut zu fühlen. Sie trifft auf Katharina, die EiA ist, lächelt und bleibt stehen. Katharina spricht Milena freundlich an und die beiden beginnen gleichwürdig zu kommunizieren. Als Katharina auffällt, dass Milena etwas in den Windeln hat, lenkt sie feinfühlig das Gespräch um und fragt, ob sie Milena wickeln darf. Milena schaut verschmitzt. In diesem Moment eilt Milenas Bezugserzieherin Anja herbei. Sie schnappt Milena von hinten, hebt sie jauchzend hoch und sagt: „Da muss wohl jemand frisch gemacht werden, hm?" Milena beginnt zu weinen und ruft. „Rina!"

Besprechen Sie diese Situation mit Ihrer Praxisanleitung bzw. Ihrem Team. Welche Auffassungen von Zuständigkeit für Bezugskinder gibt es in Ihrer Einrichtung?

Viele EiA beschäftigt die Frage: Kann und darf ich überhaupt eine Beziehung oder Bindung zu einem Kind aufbauen, wenn ich nur ein Jahr in der Einrichtung bin? In der Bindungstheorie ist spätestens seit Bowlbys Forschungen anerkannt, dass Kinder für den Erhalt psychischer Gesundheit und zur Entwicklung ihrer Potenziale und Kompetenzen verlässliche Bindungspartner brauchen. Die Formel **„Bildung braucht Bindung"** gibt diese Erkenntnis in kürzester Form wieder. Gestehen Sie Kindern die intuitive Fähigkeit zu, gut für sich selbst sorgen zu können. Das heißt: Ein Kind, das Sie als Beziehungspartnerin wählt, um seine Fremdheit in der neuen Einrichtung verkraften zu können, sorgt für seine psychische Stabilität. Das kann bedeuten, dass Sie täglich viel mit diesem Kind zu tun haben. Solange Sie andere Kinder deshalb nicht zurückweisen, ist das völlig in Ordnung. Seien Sie sicher, dass das Kontakt suchende Kind sich auch wieder von Ihnen lösen wird, wenn Sie gemeinsam mit dem Team dessen Selbstbildungskräfte unterstützen. Sehr viele Kinder machen in dieser Hinsicht leider die schmerzliche Erfahrung, dass Erwachsene die Beziehungen und Bindungen zu ihnen einseitig kontrollieren wollen. Das Kind wird in seiner Wahl und seinen Bedürfnissen auf diese Weise nicht ernst genommen. Auch Kinder, denen Sie für „nur" ein Jahr eine wichtige Bezugsperson sind, erleben eine zeitlich begrenzte Beziehung als durchaus stärkende Erfahrung. **Resilienz steigert sich durch gute Fundamente im menschlichen Miteinander und durch sensibel begleitete Transitionen.** Dazu gehören auch Trennungen und Abschiede.

→ *Fachliteratur hierzu: Fonagy/Target, 2003.*

Berliner Eingewöhnungsmodell

Zur Unterstützung von Übergangs- und Eingewöhnungsprozessen in der Krippe bzw. Kindertagesstätte sei das Berliner Eingewöhnungsmodell empfohlen.

→ *Das Modell finden Sie im Lehrbuch Erziehen, bilden und begleiten, S. 193.*

Das Berliner Eingewöhnungsmodell liefert eine gute Struktur für die täglichen Abläufe. Zur erfolgreichen Gestaltung des Übergangsprozesses sind aus systemischer Sicht noch weitere Fragestellungen sinnvoll:
- Wie verläuft die Trennungsarbeit der Eltern? Auch die Ablösungsprozesse der Mutter/des Vaters brauchen Begleitung.

- Welche Rituale erleichtern das morgendliche Ankommen und die Trennungssituation? Das Kind sucht Klarheit in der Situation und Angebote zum „Sich-Einlassen".

- Wer zählt zum systemischen Umfeld in der Einrichtung? Die Eingewöhnung lässt sich gemeinsam mit interessierten (älteren) Kindern gestalten.

Mit Eltern frühzeitig Übergänge gestalten

- Stellen Sie die Zeit, während der sich ein Kind/Ihr Bezugskind in der Einrichtung eingewöhnt, unter das Motto „Jeder Augenblick ist neu!". Was wird Ihnen auf diese Weise aus der Perspektive des Kindes bewusst?

- Gestalten Sie Eingewöhnungsprozesse aktiv mit. Entwickeln Sie Feinfühligkeit gegenüber der einmaligen Situation des Kindes, indem Sie dessen (non)verbale Signale deuten und beantworten. Erspüren Sie durch die Reaktionen des Kindes, wie gut Ihr Verhalten auf seine Bedürfnisse und Interessen abgestimmt ist.

Besprechen Sie den Eingewöhnungsprozess eines Kindes/Ihres Bezugskindes mit Ihrer Praxisanleitung. Reflektieren Sie Ihr Verhalten dem Kind gegenüber und treffen Sie Vereinbarungen zur weiteren Gestaltung des Übergangsprozesses.

→ *Empfohlene Fachliteratur (Medienpaket): Bertelsmann Stiftung/IFP, 2006.*

3.1.3 Sich einbringen: Vom Wahrnehmen zum Tun

Die Orientierungs- und Eingewöhnungsphase erstreckt sich über maximal sechs Wochen. In dieser Zeit werden Sie die Einrichtung kennenlernen, alltägliche Abläufe mitgestalten, Regeln in Erfahrung bringen und Kontakt zu vielen Personen aufnehmen. Richten Sie frühzeitig Ihre Aufmerksamkeit auf die Entwicklungsstadien einzelner Kinder/Jugendlicher und üben Sie sich in altersgemäßen Formen der Kommunikation, des Spiels und der Aktion. Bleiben Sie während dieser ersten Zeit kein Zaungast. Manche EiA begründen anfängliche Zurückhaltung mit einem ruhigen Wesen *und weil sie erst einmal alles auf sich wirken lassen wollen*. Das kann in bestimmten Situationen auch ganz wichtig sein, doch in dieser Phase bietet sich die beste Gelegenheit, den „Vertrag mit mir selbst" einzulösen (siehe Kap. 2.2.3).

Stellen Sie Ihrer Praxisanleitung einige (oder alle) Vertragspunkte vor. Bitten Sie um Unterstützung bei der Realisierung Ihrer Vorhaben. Vereinbaren Sie im günstigsten Fall konkrete Unterstützungsmaßnahmen für diese Ausbildungsphase. Bahnen Sie einen Weg von den Vertragsvereinbarungen zu einer gestärkten Persönlichkeit, die im pädagogischen Handlungsfeld erfolgreich tätig wird.

 Tauschen Sie sich über Vertragspunkte und Unterstützungsmaßnahmen im Begleitunterricht aus. Die sich daraus ergebende Vielfalt birgt gewinnbringende Impulse für alle.

Das „Du-bist-ja-nur-'ne Praktikantin"-Problem

Wer befürchtet das nicht: Sie sind seit ein paar Tagen in Ihrer Ausbildungs-Praxisstelle und verlangen von einem Kind/Jugendlichen, *vor dem Verlassen des Bauraumes doch bitte aufzuräumen/eine vereinbarte Kommunikationsregel einzuhalten/nicht vor Wut die Tür zuzuknallen.* Als Antwort kommt: „Du hast hier gar nichts zu sagen, du bist ja nur 'ne Praktikantin!". Dieser Konflikt taucht häufig zu Beginn eines Praktikums auf. Sie werden aber ein Jahr in Ihrer Einrichtung verbringen und wollen von Anfang an ernst genommen werden, schließlich bringen Sie viel Theoriewissen und einige praktische Erfahrungen mit. Die beste Vorbereitung in den Ausbildungs-Praxisstellen ist, vor Kindern und Eltern nicht mehr von einer Berufs*praktikantin* zu sprechen, sondern von Erzieherinnen im Anerkennungsjahr „Das ist unsere EiA!" klingt keck und benennt einen angemessenen Status. Es geht hier nicht um Wortspielerei, sondern um Ihr Ansehen (auch in manchen Kolleginnenkreisen). Ein wertschätzendes Team erkennt Ihre Gleichwürdigkeit an, mutet Ihnen aber noch keine *Gleichverantwortung* zu. Auf diese Weise stimmen alle Beteiligten überein, dass Sie von nun an mitmischen – mit der Lizenz zum Probehandeln.

- Bereiten Sie sich auf die Situation vor, nicht ernst genommen zu werden. Zeichnen Sie Ihre Körperumrisse auf ein Blatt Papier. Verstehen Sie diese Umrisse als **Kontur Ihrer Persönlichkeit**: Schreiben Sie rund herum Ich-Botschaften auf, die Ihre persönlichen Grenzen anzeigen, z. B. *Ich möchte (nicht), dass …; ich lasse nicht zu, mir …; es stört mich, wenn …* Verdicken Sie abschließend mit dem Stift die Konturen Ihrer Persönlichkeit.

- Formulieren Sie während der nächsten Zeit bewusst Ich-Botschaften, wenn Kinder/Jugendliche sich einer Bitte oder Aufforderung widersetzen und lassen Sie Ihre Persönlichkeit erfahrbar werden.

Tauschen Sie sich zu der Problematik „Grenzen erfahrbar machen" im Begleitunterricht aus.

3.2 Arbeit im Team

Teamfähigkeit ist eine Schlüsselkompetenz im sozialpädagogischen Arbeitsfeld. Für Mitarbeiterinnen in Einrichtungen, die ein offenes Konzept vertreten oder Schichtdienste führen, ist Kooperation in vielerlei Hinsicht nicht nur gewinnbringend, sondern geradezu unerlässlich. Kindliche Entwicklungs- und Bildungsbiografien individuell zu begleiten und zu unterstützen, stellt differenzierte Ansprüche an Fachkräfte, die von Einzelkämpferinnen nicht geleistet werden können. Doch nicht zu voreilig – nicht jede Gruppe ist schon ein Team.

3.2.1 Fragen, Fragen, Fragen ... und Wünsche

Mit jedem Tag wird Ihnen das sozialpädagogische Arbeitsfeld vertrauter. Informationen rund um die Einrichtung helfen Ihnen zusätzlich, die pädagogische Praxis nach und nach aktiver mitzugestalten. Je gezielter Sie Ihr Team um Informationen bitten, desto schneller erweitert sich Ihr Blick- und Handlungsfeld:

Konzeption

- Wann und auf welche Weise wurde das Leitbild der gemeinsamen pädagogischen Arbeit ermittelt?
- Wie aktuell ist die Konzeption auf die Bedürfnisse von Kindern und deren Familien abgestimmt?
- In welcher Form wird die Konzeption fortgeschrieben? Gibt es Visionen für die künftige pädagogische Arbeit?

Vergleichen Sie Ihre pädagogischen Standpunkte und Ihr theoretisches Wissen mit den Inhalten der Konzeption. Heben Sie im Gespräch hervor, was Ihnen an der Konzeption gut gefällt und was Sie möglicherweise vermissen. Begründen Sie Ihre Aussagen jeweils fachlich.

Individualität und Synergie (= „Effekt des Zusammenwirkens")

- Wie kann ich meine Stärken, Vorlieben einbringen? Wie wird die Kreativität aller genutzt?
- In welcher Form kann ich Neues ausprobieren?
- Worin können mich einzelne Kolleginnen besonders gut unterstützen? (Bedenken Sie: EiA und Praxisanleitung sollen kein isoliertes Duo sein.)
- Woran arbeiten wir alle gemeinsam? Welche Arbeitsteilungen gibt es?

Nehmen Sie die Antworten Ihres Teams zum Anlass, persönliche Handlungsstrategien zu entwickeln. Fordern Sie Unterstützungsangebote zu gegebenen Zeiten freundlich, aber bestimmt ein.

Feedback und Transparenz der Teamarbeit

- In welcher Form bekomme ich konstruktives Feedback/kann ich konstruktives Feedback geben? (Positives Management von Anerkennung und Kritik)
- Wie kann ich die Teamarbeit/Teamsitzungen konkret mitgestalten?
- Welche Aufgabe habe ich als Vermittlerin zwischen Kindern, Eltern und Team?

Ins Team einbeziehen ...

Berücksichtigen Sie die Impulse Ihres Teams, und starten Sie erste Versuche, sich einzubringen. Formulieren Sie schließlich auch **Wünsche** an Ihre Kolleginnen. Je besser Sie sich selbst vertreten und für sich sorgen, umso klarer erkennt das Team die Konturen Ihrer Persönlichkeit.

3.2.2 Anleitungsgespräche

Regelmäßige, intensive Reflexionsgespräche sind ein unentbehrlicher Baustein auf Ihrem Weg zur Professionalisierung. Auch wenn Einrichtungen diesbezüglich oftmals gute Vorsätze haben, nicht selten gehen die Absprachen zur gemeinsamen Reflexion im Trubel der täglichen Abläufe und Ereignisse unter. Für die EiA erweist sich das immer zum Nachteil. Vereinbaren Sie deshalb mit Ihrer Praxisanleitung neben den festen Terminen auch Ausweichtermine. Sollte es ganz eng werden, erbitten Sie beide die Unterstützung des Teams. Laut Ausbildungsverordnungen der Bundesländer haben EiA ein Recht auf regelmäßige Anleitungsgespräche.

Wie verläuft ein Reflexionsgespräch?

Ein Reflexionsgespräch sollte in einem separaten Raum und mit genügend Zeit stattfinden. In regelmäßigen Abständen sprechen Sie mit Ihrer Praxisanleitung über die allgemeinen Anforderungen der Ausbildungsphase. Je nach Art der Einrichtung ergeben sich besondere Schwerpunkte, auf die Sie Ihre Praxisanleitung frühzeitig hinweisen wird. Außerdem stellen Sie einander individuelle Wahrnehmungen in Bezug auf die Erfüllung der an Sie gerichteten berufspraktischen Ansprüche vor.

Vorbereitung eines Anleitungsgespräches durch die EiA:

- Halten Sie täglich Ihre Erfahrungen, Beobachtungen, Erkenntnisse, Aktivitäten, Fragen fest (pädagogisches Tagebuch).
- Ziehen Sie ein tägliches Fazit, wahlweise zu den Stichworten Freude/Erfolg/Stress/Unsicherheit/Wunsch/Bedürfnis ...

- Benennen Sie wöchentlich einen erfolgreichen Schritt – sei er auch klein – auf dem Weg zu Ihrer Professionalisierung. Erfolgsritual: Beschriften Sie hierzu jeweils einen Kieselstein und legen diesen als sichtbares Zeichen Ihrer Entwicklung zuhause auf ein Regal.

- Formulieren Sie Wünsche und Erwartungen an Ihre Praxisanleitung/das Team.
- Schreiben Sie Ideen und Vorhaben auf.
- Resümieren Sie, was seit dem letzten Anleitungsgespräch geschehen ist/sich entwickelt hat.

Vorsicht Fallen: Erwartungs-Erwartungen und Interpretationen

Erwartungs-Erwartungen finden sich überall im Alltag wieder und beeinflussen unser Verhalten mehr, als uns lieb ist.

> *Beispiel*: Joana sagt zu ihrer Kollegin Verena: „Ich glaube, meiner Anleiterin wäre es nicht recht, wenn ich allein mit Jenny und Maren über deren Streit in der Wohngemeinschaft rede. Dabei habe ich so einen guten Kontakt zu den beiden." Obwohl sie es gerne täte, führt Joana das Gespräch mit den Jugendheimbewohnerinnen nicht. Beim nächsten Anleitungsgespräch meint Joanas Praxisanleiterin: „Ich hätte mir gut vorstellen können, dass du mit Jenny und Maren über deren Konflikt sprichst, weil du einen spürbar guten Draht zu ihnen hast. Schade, dass du dir das noch nicht zutraust". Joana ist völlig überrumpelt, dass sie für so unsicher gehalten wird und kann deshalb nichts dazu sagen.

Joana *erwartet* von ihrer Anleiterin, dass diese von ihr *erwartet*, dass Joana sich in solchen Angelegenheiten noch zurückhält. Joanas Anleiterin hingegen *interpretiert* das Verhalten der EiA als Unsicherheit. Was können die beiden an ihrer Kommunikation verbessern?

- Überprüfen Sie, ob Ihr Verhalten auf Erwartungs-Erwartungen basiert.
- Fragen Sie direkt nach, welche Erwartungen es an Sie gibt und sprechen Sie Ihre Erwartungen an andere eindeutig aus.
- Interpretieren Sie das Verhalten anderer nicht, sondern erkundigen sich Sie nach deren Motiven. Weisen Sie umgekehrt darauf hin, wenn Sie sich in Ihrem Verhalten interpretiert fühlen, und klären Sie über Ihre Motive auf.
So einfach kann Kommunikation sein!

Arbeit im Team

3.3 Zusammenarbeit mit Eltern/Kooperationspartnern

Von nun an wird die **Gestaltung einer dialogischen Bildungs- und Erziehungspartnerschaft**, die Fachkräfte und Eltern miteinander eingehen, Teil Ihrer pädagogischen Erfahrungswelt sein. Je erfolgreicher die Kooperation mit Eltern(teilen) gelingt, umso professioneller kann die Betreuungseinrichtung Ziele zum Wohle einzelner Kinder/Jugendlicher verwirklichen.

- Nehmen Sie einen Blickwinkel ein, der sowohl Eltern als auch Fachkräfte als Experten und Expertinnen anerkennt, die das jeweilige Kind mitsamt seiner Entwicklungs- und Lernprozesse in unterschiedlichen Lebenswelten erfahren. Halten Sie beispielhaft Eindrücke fest.

- Die einzelnen Schritte hin zu dieser Partnerschaft lassen sich anhand der Qualitätskriterien im Situationsansatz gut nachvollziehen (Preissing, 2009, S. 35 f). Rekapitulieren Sie diese Kriterien und verfolgen Sie deren Umsetzung in Ihrer Einrichtung.

Besprechen Sie Ihre Eindrücke mit Ihrer Praxisanleitung.

Trotz Lampenfieber: Die ersten selbstbewussten Auftritte

Nutzen Sie frühzeitig verschiedene Gelegenheiten, sich den Eltern vorzustellen:

- Hängen Sie ein Plakat mit Foto aus. Machen Sie darauf **Angaben zu Ihrer Person**, Ihren Vorerfahrungen/pädagogischen Standpunkten, Ihrem Verständnis von Bildungs- und Erziehungspartnerschaft mit Eltern. Achten Sie darauf, dass Ihre Angaben weder zu oberflächlich noch zu privat sind.

- Übernehmen Sie einen **Part auf dem nächsten Elternabend**. Stellen Sie sich als EiA vor, nicht als Berufs*praktikantin*, und geben Sie sich entsprechend selbstbewusst, motiviert, engagiert und fachlich vorgebildet. Setzen Sie die Eltern darüber in Kenntnis, welche Anforderungen das Anerkennungsjahr an Sie stellt. Auf diese Weise können Eltern von Anfang an Ihre Bemühungen unterstützen und würdigen.

- Bereiten Sie Ihre Vorstellung für den Elternabend gründlich vor: Es ist Ihre Eintrittskarte in den Teil Ihrer pädagogischen Arbeit, der gemeinsam mit Erwachsenen zu bestreiten ist. Aus Ihrer theoretischen Ausbildung kennen Sie Kriterien einer guten Präsentation, an denen Sie sich orientieren können. Besprechen Sie den Zeitrahmen für Ihre Vorstellung mit Ihrem Team. Weder eine Zwei-Minuten-Stehgreif-Erzählung noch eine dreiviertelstündige Mammut-Show dürften hier das Optimum sein. Toi, toi, toi!

- Schließlich haben Sie täglich die Gelegenheit, durch **Tür- und Angelgespräche mit den Eltern** in Kontakt zu kommen. Nur Mut! Sie werden mit der Zeit viel Offenheit und Vertrauen ernten.

Tür- und Angelgespräche

Die Gründung und Pflege einer Bildungs- und Erziehungspartnerschaft setzt bei Erzieherinnen und Eltern folgende Haltungen voraus: **Kontaktfreude, Dialogbereitschaft, Akzeptanz, Toleranz, Vertrauen, Geduld, Offenheit für Ideen, Veränderungsbereitschaft** (vgl. Bayerisches Staatsministerium, 2004, S. 7). Auf die Haltung der Eltern haben Sie verständlicherweise kaum Einfluss, doch wenn Sie und Ihr Team diese Einstellungen repräsentieren, werden sich aus anfänglich vorsichtigen Kontakten nach und nach vertrauensvolle Formen der Zusammenarbeit entwickeln. Bei Eltern, die ohnehin interessiert und engagiert sind, gelingt das oft leicht und schnell. Ruhen Sie sich nicht auf diesen Erfolgen aus. Es gilt auch die Eltern zur Kooperation zu gewinnen, die weniger zugänglich sind. Sämtliche Beteiligten profitieren davon, allen voran die Kinder/Jugendlichen.
Tür- und Angelgespräche in der Kita ergeben sich meist in der Bring- bzw. Abholsituation. Überlassen Sie nicht allein dem Zufall, ob *man* ins Gespräch kommt. Überlegen Sie sich nette **Gesprächseinstiege**, mit denen Sie Eltern(-teile) begrüßen. Wenn Sie den Tag über offen für die Wahrnehmung von individuellen Erlebnissen und Erfahrungen der Kinder sind, gibt es sicher einige Anlässe, die der Mitteilung wert sind. Berücksichtigen Sie hier bereits Formen kindlicher Partizipation: Sprechen Sie nicht *über* das Kind, das zwei Erwachsenen dabei zuhören muss, wer es ist/was es gerne tut/wie es etwas erlebt hat. Berichten Sie gemeinsam *mit* dem Kind vom Tagesgeschehen. Fragen Sie außerdem nach Neuigkeiten oder dem Befinden der Mutter/des Vaters. Üben Sie **aktives Zuhören** und nutzen Sie den **Effekt des Spiegelns**.

→ *Zum Gesprächsverhalten finden Sie weitere Hinweise im Lehrbuch Erziehen, bilden und begleiten, S. 127 f.*

- Legen Sie in Ihrem pädagogischen Tagebuch eine Tabelle an und tragen Sie die **Grundhaltungen** untereinander ein:
    - Kontaktfreude,
    - Dialogbereitschaft,
    - Akzeptanz,
    - Toleranz,
    - Vertrauen,
    - Geduld,
    - Offenheit für Ideen,
    - Veränderungsbereitschaft.

- Nehmen Sie regelmäßig Eintragungen vor, um die Entwicklung Ihrer Grundhaltung zu überprüfen. Vorschlag: Tragen Sie je eine Zahl zwischen 0 (Grundhaltung nicht vorhanden) und 10 (Grundhaltung sehr ausgeprägt) ein.

Meiden Sie keinesfalls Eltern, deren Sprache Sie nicht verstehen. Hier liegt zwar die Hürde zum Vertrauensaufbau oftmals höher, doch ist der Kontakt von deren Seite deshalb nicht unerwünscht. **Interkulturelle Pädagogik** ist heute kein Wahl-Schwerpunkt pädagogischer Kinderbetreuung mehr, sondern sollte professionelle Alltäglichkeit sein. **Mehrsprachigkeit** bei Aushängen, Elternbriefen und wichtigen Eltern-Treffen gehören zum zeitgemäßen Dienstleistungsangebot pädagogischer Einrichtungen.

- Üben Sie sich ein in die wesentlichen **Qualifikationsanforderungen zum professionellen Umgang mit Multikulturalität** in sozialpädagogischen Arbeitsfeldern:
    - **Fähigkeit zur Selbstreflexion:** Nutzen Sie kontinuierlich die Reflexionsanregungen des vorliegenden Ausbildungsbuches zur Erweiterung Ihres professionellen Selbstverständnisses.
    - **Fähigkeit zur Auseinandersetzung mit kulturspezifischen Normen und Werten:** Machen Sie sich versteckte Vorurteile/Stereotypisierungen bewusst; nehmen Sie Personen vor dem Hintergrund kulturspezifischer Wertsysteme wahr; verstehen Sie kulturelle Vielfalt als inklusives Moment Ihrer pädagogischen Arbeit; öffnen Sie Ihre Einrichtung zum Stadtteil und erschließen Sie neue Sprachräume.
    - **Fähigkeit zur interkulturellen Beziehungsgestaltung:** Verstehen Sie das *Erleben von Fremdheit* als kindliche/familiäre Lebenssituation; entwickeln Sie Sensibilität für nonverbale Zeichen; erspüren Se Bedürfnislagen, Nöte und Konflikte; ermöglichen Sie Kindern und Erwachsenen identitätsstabilisierende Erfahrungen in Ihrer Einrichtung.

Besprechen Sie mit Ihrem Team die Bedeutung von Multikulturalität in Ihrer Einrichtung. Vereinbaren Sie mit Ihren Kolleginnen einen kleinen Auftrag im Sinne der oben genannten Qualifikationsanforderungen.

Die Begrüßungstheke

Ein hervorragender und zugleich wertschätzender Beitrag zur Kontaktaufnahme und -pflege leistet die Begrüßungstheke in der Einrichtung. Dort werden ankommende Kinder und deren Eltern bzw. Geschwister freundlich und ohne Zeitdruck willkommen geheißen. An Ort und Stelle können Anwesenheitslisten geführt und Besonderheiten festgehalten werden (Essenswunsch, Gesundheitszustand, Urlaubszeit der Familie, o. Ä.). Es ist von Vorteil, wenn Sie als EiA bereits in der Eingewöhnungsphase die Begrüßungstheke mitbetreuen. Auf diese Weise lernen Sie schnell alle Hausbesucher kennen und der Kontaktaufbau kann beginnen.

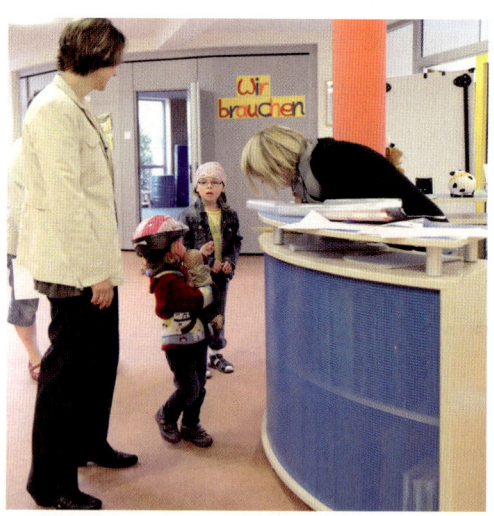

Jeder wird persönlich empfangen

Hospitationen/Hausbesuche/Gespräche mit Kooperationspartnern

Lernen Sie möglichst früh die erweiterte Lebenswelt der Kinder/Jugendlichen kennen. Besuchen Sie gemeinsam mit Ihrer Anleitung und mit dem Einverständnis des Kindes den Unterricht oder begleiten Sie es in Absprache mit seinen Eltern nach Hause und erleben Sie, wo es spielt, lernt, schläft etc.

- Entdecken Sie Ausschnitte kindlicher/jugendlicher **Lebenswelten, die außerhalb der Einrichtung liegen** und nehmen Sie wahr,
  - welche Rolle ein Kind in seiner Schulklasse einnimmt.
  - wie die Lehrkräfte ihm gegenüber reagieren.
  - welches Verhalten es in seinem häuslichen Umfeld zeigt.
  - wie die Eltern-Kind-Interaktion im häuslichen Umfeld gestaltet wird.
  - auf welche Weise (fehlende) Geschwisterlichkeit erlebt wird.
  - welche Spiel- und Lernmöglichkeiten zuhause zur Verfügung stehen.
  - wie die Freizeitsituation beschaffen ist: Anzahl und Entfernung von Spielflächen oder Treffpunkten; Nachmittagstermine; Zugehörigkeit zu einer Peer Group etc.

Tauschen Sie sich mit Ihrer Anleitung zu den gewonnenen Eindrücken aus. Sprechen Sie darüber, welche fehlenden oder negativen Erfahrungen einzelne Kinder/Jugendliche in Ihrer Einrichtung als pädagogisch vorbereiteter Lebenswelt kompensieren können. Vereinbaren Sie mögliche Veränderungen oder gezielte Angebote und setzen Sie diese in der kommenden Zeit um.

Suchen Sie gemeinsam mit der Praxisanleitung das **Gespräch mit Lehrerinnen, Freizeitbetreuerinnen, Sozialarbeiterinnen**, die Kontakt zu dem Kind/Jugendlichen haben und erweitern Sie den Blick auf dessen Lebenswelt. Die neuen Erkenntnisse können in die Zusammenarbeit mit Eltern zurückfließen, indem Sie gemeinsam mit Ihrer Anleitung Anregungen zur Freizeitgestaltung oder zur häuslichen Spiel- und Lernsituation erarbeiten und beim nächsten Elternkontakt oder -gespräch vorstellen.

4 Praxisanleitung

Als Praxisanleitung übernehmen Sie eine schöne und verantwortungsvolle Aufgabe. Während der kommenden Monate werden Sie nicht nur berufliche Erfahrungen weitergeben, sondern selbst die Möglichkeit zur Weiterentwicklung/-qualifizierung haben. Für die EiA ist die Praxisanleitung eine wichtige Kontaktperson, bei der viele Fäden zusammenlaufen: Die Tatsache, dass die Lernorte *Schule* und *Praxis* Kooperationspartner sind, wird einige Gespräche bzw. Treffen mit Lehrerinnen, Kolleginnen und Ihrer Leitung erfordern. Dieses Ausbildungsbuch widmet Ihnen für jede Ausbildungsphase ein eigenes Kapitel, das Ihren Anleitungsauftrag klären und durch Handreichungen unterstützen wird.

4.1 Die schöne Aufgabe, mit der Praxiswelt bekannt zu machen

Der *Lernort Praxis* bietet in der Ausbildung von Erzieherinnen und Erziehern Arbeitsfelder in der Kindertagesbetreuung, den Hilfen zur Erziehung und der Jugendarbeit. Im Rahmen des jeweiligen Aufgabenbereichs, in der Begegnung mit der zu betreuenden Zielgruppe und vor dem Hintergrund eines transparenten pädagogischen Konzepts sollen Studierende persönliche und professionelle Stabilität entwickeln und in zentralen Schlüsselkompetenzen gestärkt werden. Der *Lernort Praxis* trägt somit eine hohe Verantwortung für die Umsetzung der im *Lernort Schule* erworbenen Kenntnisse. Die beiden an der Ausbildung beteiligten Seiten – Schule und Praxis – tragen eine gemeinsame Verantwortung und sollten für das Zusammenwirken eine verbindliche Kooperation eingehen. (vgl. Schmidt-Nitsche, 2002, S. 119 f.)

- Nehmen Sie sich ein wenig Zeit und denken Sie über die Bedeutung nach, eine junge Kollegin anzuleiten.

- Prüfen Sie, ob es noch offene Fragen gibt, die einer Antwort bedürfen:
    - Wie steht meine Leitung/mein Team zu meinem Wunsch, eine EiA auszubilden?
    - Wer wird mich unterstützen?
    - Habe ich mögliche Erwartungen der Leitung/des Teams/des Trägers geklärt?
    - Fühle ich mich gut vorbereitet/fortgebildet?
    - Was brauche ich noch, bevor das Anleitungsverhältnis beginnt?

Qualitätskriterien sozialpädagogischer Praxis als Ausbildungsort

Die Ausbildungs-Praxisstelle bietet den EiA eine **Zusammenarbeit auf der Basis von Beziehungen** an:

„Folgende Haltungen und Einstellungen liegen dieser Beziehungsarbeit zugrunde:
– Empathische, offene Atmosphäre
– Akzeptanz und Kongruenz (Übereinstimmung von Reden und Tun)
– Wertschätzender, freundlicher Umgang
– Bewusste, systematische Anleitung und alltägliches Vorleben von Normen und Werten
– Kooperationsbereitschaft, Partnerschaft und ‚im Dialog bleiben'
– Verständnis für die besondere Situation der Praktikanten und Praktikantinnen [der EiA, Anm. d Verf.]
– Vertrauen und „Zutrauen"
– Fördern, ohne zu überfordern
– Lebendige Kommunikation

- Eigenständiges, selbstbestimmtes Lernen in Realsituationen und im eigenen Tempo
- ‚Lob des Fehlers' – Lernen aus Fehlern in einem geschützten Rahmen
- Rückenstärkung bei internen und externen Schwierigkeiten
- Unterstützung bei der Entwicklung der persönlichen, sozialen, fachlichen und berufspolitischen Kompetenzen
- Hilfen zur Bildung und Entwicklung des eigenen pädagogischen Konzeptes und Profils."

(Mrozek/Staubach/Veldkamp: Qualität der Kindertagesstätte, 2000, S. 46)

Diese **Beziehungshaltung** erfordert auf der Handlungsebene klare Strukturen. Entwerfen Sie gemeinsam mit Ihrem Team ein **Ausbildungsprofil**, das Ihre Einrichtung als Ausbildungsort auszeichnet. Hierzu einige nachahmenswerte Beispiele:

- Gestalten Sie ein Ritual zu Beginn und zum Ende des Anerkennungsjahres.
- Organisieren Sie das Bekanntwerden mit den Raum- und Zeitstrukturen sowie mit der Entscheidungs- und Konfliktkultur in Ihrer Einrichtung.
- Laden Sie ein und aktivieren Sie zur Teilnahme an Teamsitzungen, Elterngesprächen, Fortbildungen, Supervisionen, Betriebsausflügen etc.
- Führen Sie regelmäßige, klar strukturierte Praxis- und Anleitungsgespräche.
- Ermöglichen Sie die Planung/Mitwirkung bei Angeboten, Projekten, Reflexionen und Dokumentationen der pädagogischen Arbeit.
- Unterstützen Sie das Erforschen und Analysieren von konkreten (Lebens-)Situationen.
- Sichern Sie aufrichtige und transparente Rückmeldungen in Bezug auf Ausbildungsanforderungen und Lernfortschritte zu.
- Leben Sie das Prinzip der Partizipation und bieten Sie Zugang zu Ihrem Netzwerk innerhalb und außerhalb der Einrichtung.

(vgl. Mrozek/Staubach/Veldkamp, 2000, S. 46 f.)

Überprüfen Sie regelmäßig im Team folgende **Rahmenbedingungen**, um Ihr Ausbildungsprofil qualitativ abzusichern:

Transparente, feste Zeiten für Beratung, Planung und Reflexion (Wunschwert: 1 Stunde täglich)
Kontinuierliche fachliche Unterstützung in Bezug auf Ausbildungsanforderungen
Zeitkontingent für die Kooperation mit dem Lernort Fachschule/Fachakademie
Regelmäßige (Klein-)Teamtreffen zur fachlichen Auseinandersetzung aller Beteiligten
Organisatorische Möglichkeiten für Hospitationen innerhalb und außerhalb der Einrichtung
Klarheit über Verantwortung und Zuständigkeit des Teams und des Trägers

(Vgl. Mrozek/Staubach/Veldkamp, 2000, S. 46 f.)

Äußerst hilfreich für die pädagogische Qualifizierung des Ausbildungsortes *Praxis* ist ein **lebenswelt- und arbeitsfeldrelevanter Bezugsrahmen**. Hierzu kann der **Situationsansatz als Strukturvorlage** dienen:

- Die Ausbildungszeit der EiA ist selbst eine bedeutsame Situation, eine *Schlüsselsituation*. Diese ist ein dynamischer Bezugspunkt, der stetig zu reflektieren ist.
- Das Lernen der EiA findet in konkreten Alltagssituationen und in Sinnzusammenhängen statt.
- Fachliche Kompetenzerweiterung und Persönlichkeitslernen sind miteinander verknüpft.
- Die EiA gestalten ihren individuellen Ausbildungsweg, darunter einzelne entwicklungsrelevante Professionalisierungsschritte, aktiv mit.
- Normen und Werte des alltäglichen Handelns und Zusammenlebens werden unter Mitwirkung aller Beteiligten erörtert.
- Die Entwicklung professionellen pädagogischen Handelns verantwortet die EiA im Rahmen ihrer besten Möglichkeiten; sie wird dabei von Kolleginnen und Eltern gefördert und unterstützt.
- Individualität wird zuerkannt (Vielfalt von Handlungs- und Ausdrucksmöglichkeiten).
- Selbst-, Fort- und Weiterbildung wird bestärkt und kultiviert.
- Die am Ausbildungsprozess Beteiligten sind Lehrende und Lernende zugleich; sie profitieren von ihren Stärken und Fähigkeiten.

Die EiA durchs Anerkennungsjahr „schaukeln" …

„Es wird davon ausgegangen, dass erst dann, wenn Ausbildung selbst nach den Prinzipien des Situationsansatzes gestaltet wird, die erkenntnisleitende Zielsetzung Selbstbestimmung (Autonomie), Sachangemessenheit (Kompetenz) und entschiedene Parteilichkeit (Solidarität) in relevantem Maße in der Persönlichkeitsentwicklung und im Aufbau von Professionalität erreicht werden kann."
(Krüger/Zimmer: Ausbildung der Erzieherinnen, 2001, S. 87)

4.2 Managerin im Ausbildungs-Netzwerk: Differenzierte Tätigkeit mit gesunden Grenzen

Als Praxisanleitung sind Sie eine zentrale Peron innerhalb des Ausbildungsnetzwerkes Schule – Praxis – Träger – weitere Kooperationspartner. Um die zusätzlichen Anforderungen Ihres Ausbilderinnen-Auftrages gelassen bewältigen zu können, empfiehlt sich eine Fortbildung. Sprechen Sie mit Ihrer Leitung und Ihrem Träger über den Wunsch, sich als Praxisanleitung zu qualifizieren. Aus berufspolitischer Sicht fordern sehr viele Erzieherinnen mit Recht, die Tätigkeit der Praxisanleitung als besonders anspruchsvolle Tätigkeit mit der Möglichkeit zur Höhergruppierung (BAT) anzuerkennen. So sehr Sie sich über Ihre Entscheidung freuen, auszubilden – sorgen Sie auch für eigene, gesunde Grenzen. Klären Sie frühzeitig, auf welche Weise Ihr Team/die Leitung den Ausbildungsprozess mitgestalten können. Besprechen Sie, inwiefern sich Ihre Einrichtung als **lernende Organisation** versteht und wie diese auf Veränderungen (wechselnde Elternschaft, räumliche Umstrukturierung, kindliche Lebenssituationen, „Zuwachs" durch eine EiA) reagiert. Wenn Sie die Ausbildungszeit als *systemischen Prozess* verstehen, können sämtliche Kräfte und Fähigkeiten in stimmiger Weise zusammenfließen. Also dann: Vorhang auf für ein erfolgreiches Ausbildungsjahr!

Einen Ausbildungsplan erstellen

Erstellen Sie möglichst zu Beginn des Anerkennungsjahres gemeinsam mit der EiA einen Ausbildungsplan. Berücksichtigen Sie hierbei folgende Punkte:
- Ausbildungsphasen
- Zeitplan der Schule (Unterrichtszeiten, Exkursionen, Netzwerk-Veranstaltungen etc.)
- Zeitplan Ihrer Einrichtung (Schließzeiten, Feste, Fortbildungs- und Planungstage etc.)
- Ausbildungsanforderungen: Ausbildungsverordnung der Fachschule/Fachakademie (online unter: *http://www.erzieherin-online.de/beruf/ausbildung/gesetz.php*).
- Vorbereitungszeit der EiA/gemeinsame Reflexionszeiten/Feedback zum Ausbildungsstand
- Berichtabgabe/Abschlussbeurteilung

Stellen Sie den Ausbildungsplan gemeinsam Ihrem Team vor. Hängen Sie einen Plan im Dienstzimmer aus und aktualisieren Sie diesen bei Bedarf. Diese Form von Transparenz beugt Missverständnissen vor und motiviert Ihre Kolleginnen ganz sicher zur Unterstützung.

Fachliche Anleitung und personale Beziehung

Was die fachliche Anleitung betrifft, liefern die formalen Ausbildungsbedingungen (siehe Ausbildungsverordnungen online) und das Ausbildungsprofil Ihrer Einrichtung wichtige Orientierungspunkte. Im Laufe Ihrer pädagogischen Tätigkeit haben Sie zudem sicher persönliche Vorstellungen entwickelt, die Sie in den Ausbildungsprozess einbringen möchten. Nun gilt es noch, die Gestaltung des Anleitungsverhältnisses auf der Beziehungsebene zu betrachten. Hierfür stehen Ihnen einige **Qualitätsfragen** zur Verfügung:
- Welche Erwartungen habe ich in der aktuellen Ausbildungsphase an die EiA?

- Wie klar vermittle ich meine Erwartungen/erfahre ich von den Erwartungen der EiA?
- Auf welche Weise mache ich meine pädagogische Haltung/Arbeit transparent?
- Kann ich sachlich und aufrichtig Anerkennung, Anforderungen, Kritik und persönliche Grenzen zum Ausdruck bringen?
- Kann ich die EiA um die Formulierung sachlicher und aufrichtiger Rückmeldung mir gegenüber bitten und diese annehmen?
- Wie kann ich zu einer vertrauenswürdigen Partnerin im Ausbildungsprozess werden?
- Woraus könnten sich Schwierigkeiten ergeben? Wie will ich diesen vorbeugen?
- Welche Wünsche habe ich außerdem zum Anleitungsverhältnis? Wie möchte ich diese Wünsche einbringen und leben?

Das vorbereitende Anleitungsgespräch

15 Schritte zu einer professionellen Feedback-Kultur

Die fachlichen und personalen Anforderungen innerhalb des Anleitungsverhältnisses können erfolgreich bewältigt werden, wenn Praxisanleitung und EiA eine gute Feedback-Kultur entwickeln.

Wie Sie in 15 Schritten eine gute Feedback-Kultur aufbauen, können Sie im BuchPlus-Web-Material, S. 2, einsehen.

5 Betreuungslehrkraft

„Die Zufriedenheit der Studierenden beim Lernen in Ernstsituationen oder in der Reflexion eigener Praxiserfahrungen ist ja unüberhörbar größer als beim Unterricht, der von einer fachlichen Problemstellung ausgeht und diese vermitteln will. Je mehr Praxisaufgaben die Lernaufgaben bestimmen, je mehr die Praxiserfahrungen der Studierenden gefragt sind, je ernsthafter die Konsequenzen des Lernens für eine Realsituation sind, umso befriedigender und relevanter geschieht Lernen."

(Haug-Zapp: Vernetzung der Lernorte, 2002, S. 20)

Innerhalb der Kooperationspartnerschaft der *Ausbildungsorte Schule – Praxis* sollen die EiA ihr erworbenes Wissen zu persönlicher und pädagogischer Handlungskompetenz ausbauen. Als Betreuungslehrkraft zeigen Sie im Verlauf des praktischen Ausbildungsjahres wichtige Verknüpfungen zwischen der Bedeutung der bisherigen theoretischen Ausbildung und den konkreten Anforderungen der Praxis auf. Dieses Ausbildungsbuch widmet Ihnen für jede Ausbildungsphase ein eigenes Kapitel, das die Aufgabenfelder Ihres Lehrauftrags berücksichtigt und durch Handreichungen unterstützt.

Tipp: Aufgaben- und Fragestellungen, die in diesem Buch für die EiA formuliert werden, eignen sich ebenfalls für die inhaltliche und methodische Gestaltung des Begleitunterrichts. Eine Grundlage zur Durchführung des berufsbegleitenden Unterrichts finden Sie auf der Website *www.isb.bayern.de* unter dem Stichwort „Handreichung Seminarveranstaltung".

5.1 Unterrichten, beraten, bewerten

Der Begleitunterricht im Anerkennungsjahr folgt den Anforderungen der Ausbildungsverordnung und bezieht sich auf die Inhalte der jeweiligen Ausbildungsphase. Die Schwerpunkte aus der theoretischen Ausbildungszeit dienen nun als Hintergrundfläche für die praktischen Erprobungen der EiA. Außerdem können aktuelle Anforderungen und Situationen, welche die EiA in den Ausbildungs-Praxisstellen erleben, gezielt ausgewählt und zum Ausgangspunkt gemeinsamer Reflexionen gemacht werden, die wiederum zu pädagogischen Planungen führen.

- **Unterrichten:** Den größten Anteil des Unterrichtsgeschehens nehmen praktische Aufgaben- und Problemstellungen ein, die sowohl von der Betreuungslehrkraft als auch von den EiA eingebracht werden. Als Moderatorin unterbreiten Sie Vorschläge zur Strukturierung der Unterrichtszeit. Sie bringen vertiefende Literatur ein (z. B. Hintergrundtheorien zur Eingewöhnung von Kindern, Sprachentwicklung, sozialen Armut etc.) und geben dem Plenum oder Kleingruppen Gelegenheit, Theoriekenntnisse zu erweitern sowie praktische Lösungsschritte in Bezug auf Aufgaben- oder Problemstellungen zu entwerfen. In darauffolgenden Unterrichtsstunden stellen die EiA ihre Erfahrungen mit der Umsetzung von Lösungsschritten vor. Dadurch erhält der Begleitunterricht eine wertvolle **gruppenbezogene und praxisorientierte Dynamik**, die kein Lehrbuch vorgeben kann. Ergänzen Sie die Unterrichtsgestaltung durch interessante Exkursionen. Erstellen Sie einen **Jahresplan**, der Unterrichtstage, Exkursionstermine, Netzwerk-Fachtage, Abgabezeiten für Leistungsnachweise etc. abbildet. Für EiA und Praxisanleitungen ist die Transparenz des schulischen Ausbildungsanteils nicht nur erfreulich, sondern äußerst hilfreich.

- **Beraten:** Sie unterstützen und beraten die EiA bei der Entschlüsselung individueller Herausforderungen und Probleme während des Professionalisierungsprozesses. Beratungen finden sowohl während der Unterrichtszeit statt (und werden von der Gruppe der EiA co-beratend mitgetragen) als auch anlässlich der **Praxisbesuche**. Für jede Ausbildungsphase finden Sie einen Gesprächs-Leitfaden im BuchPlusWeb-Material. Laden Sie zu den regelmäßigen Praxisbesuchen jeweils auch andere EiA aus der Gruppe ein (max. 3), die hierfür Hospitationszeit nehmen. Auf diese Weise wird das Verständnis für individuelle und institutionelle Besonderheiten geschärft.

- **Bewerten:** Stellen Sie die schulischen Ausbildungsanforderungen zu Beginn des Anerkennungsjahres vor. Erläutern Sie **mündliche Beteiligungsformen** (z. B. Vorstellung und Reflexion praktischer Erfahrungen/Teilnahme an der Co-Beratung in der Gruppe/Theorieverständnis) und **schriftliche Leistungsnachweise** (Dokumentationen, Zwischen- und Abschlussbericht). Zeigen Sie zu gegebener Zeit die **Kriterien** auf, die der Bewertung der Jahresleistung im Begleitunterricht, des Abschlussberichtes und der Methodischen Prüfung zugrunde liegen. Berücksichtigen Sie in den Bewertungsverfahren jeweils die 3 Ebenen der Professionalisierung.

5.2 Die 3 Ebenen der Professionalisierung

In Anlehnung der unter 2.2 angesprochenen Kompetenzbereiche *Humankompetenz, Sozialkompetenz* und *Sachkompetenz* werden 3 Ebenen der Professionalisierung relevant, die Sie zur Selbst- und Fremdeinschätzung der EiA heranziehen können.

Ebene 1: Persönlichkeitsbildende Kompetenzen (Humankompetenz)

„Persönlichkeitsbildung bezieht sich auf das lernende, kommunizierende und auf das reflektierende Subjekt. Auf den Einzelnen, der bereit ist, sich prozesshaft auf seine Wirklichkeit einzulassen und in der Lage ist, flexibel mit den Anforderungen der Ausbildung und der Praxis umzugehen. Persönlichkeitsbildung findet somit statt in der fachlichen Auseinandersetzung und in der sogenannten Beziehungsarbeit."
(Van den Hövel/Möller: Nicht flüchten, TPS 2/2000, S. 48)

Zu den persönlichkeitsbildenden Kompetenzen zählen solche Fähigkeitsfelder, die Selbstorganisation, Selbstsozialisation und Selbstverantwortung ermöglichen.

	Selbstorganisation	Selbstsozialisation	Selbstverantwortung
Fähigkeitsfelder	• Problemlösungsstrategien • Zielorientierung • Zeitmanagement • (Meta-) Kommunikation	• Kritik- und Konfliktverhalten • Gestaltungswille • Dialogbereitschaft • Interesse und Profilbildung	• Berufsethische Einstellung • Eigeninitiative • Reflexionsvermögen • Autonomie

Besprechen Sie im Begleitunterricht Inhalt sowie Bedeutung der Fähigkeitsfelder und regen Sie die EiA zu selbstreflexiven Betrachtungen an.

Ebene 2: Umgang mit Personen innerhalb des Arbeitsfeldes (Sozialkompetenz)

Der Umgang mit Personen innerhalb des Arbeitsfeldes verlangt besondere pädagogische Handlungskompetenzen. Altersunterschiede, kulturelle Vielfalt, diverse soziale Problematiken etc. erfordern hohe Flexibilität bei einem gleichzeitig stabilen Persönlichkeitsprofil.

Die Begegnung mit Kindern, Jugendlichen, Kolleginnen, Vorgesetzten, Eltern und Kooperationspartnern erfordert die permanente **Reflexion situations- und personengerechter Verhaltensweisen:**

- Akzeptanz,
- Aufmerksamkeit,
- Beharrlichkeit,
- Beziehungsgestaltung,
- Distanz,
- Empathie,
- Fantasie,
- Feinfühligkeit,
- Geduld,
- Grenzziehung,
- Impulssetzung,
- Interessenvertretung,
- Kommunikations- und Konfliktfähigkeit,
- Konstanz,
- Kreativität,
- Lernfreude,
- Mitteilsamkeit,
- Nähe,
- Neugier,
- Offenheit,
- Perspektivenübernahme,
- Respekt,
- Selbstsicherheit,
- Toleranz,
- Verantwortungsbewusstsein,
- Verbindlichkeit,
- Vertrauen,
- Vorbildverhalten,
- Wachsamkeit,
- Wahrnehmungsschärfe,
- Zeitgefühl
- und anderes mehr.

Thematisieren Sie im Begleitunterricht die oben genannten Verhaltensweisen in ihrer pädagogischen Bedeutung. Lassen Sie die EiA Beispiele benennen, die eine situations- oder personengerechte Ausrichtung des Verhaltens nachvollziehbar machen.

Ebene 3: Entwicklung einer sozialpädagogischen Haltung (Sachkompetenz)

Pädagogische Handlungsfähigkeit ist auf Orientierungspunkte angewiesen, die sich aus dem Zusammenwirken (Synergie) von Theoriewissen und Praxiserfahrung ergeben. Solche Orientierungspunkte suchen EiA oftmals zunächst im „Außen", etwa bei Kolleginnen oder Eltern, und geraten somit in die *Imitationsfalle*. Eine sozialpädagogische Haltung – und damit Handlungssicherheit – kann aber nicht imitiert oder übernommen werden, sondern braucht einen eigenständigen Aufbau. Die Entwicklung einer sozialpädagogischen Haltung kann im Begleitunterricht dadurch unterstützt werden, dass die EiA zunächst wahlweise über

- den Tagesablauf,
- sozialpädagogische Handlungsweisen (von Kolleginnen, Kooperationspartnern),
- alltagspädagogische Handlungsweisen (von Eltern),
- Lebenssituationen, Bedürfnisse, Verhalten von Kindern/Jugendlichen,
- Aktivitäten, Angebote, Projekte,
- Teamdynamik, Teamentwicklung,
- Methoden und Inhalte der Zusammenarbeit mit Eltern/Kooperationspartnern,
- personelle und finanzielle Rahmenbedingungen der sozialpädagogischen Arbeit

referieren. Regen Sie die Gruppe der EiA anschließend zu einer kritisch-konstruktiven Reflexion des Vortrags an. Ermuntern Sie dazu, persönliche Haltungen zu formulieren, die durch **fachtheoretische Argumente** und **pädagogische Erfahrungswerte** gestützt werden.

Bewertung in dieser Ausbildungsphase:

- Mündliche Beteiligung (Vorstellung der Ausbildungs-Praxisstelle, Reflexion eigener Stärken und Unsicherheiten, Co-Beratung, Theorieverständnis)

- Schriftliche Dokumentation und Reflexion des eigenen Professionalisierungsprozesses bzw. eigenständiger pädagogischer Handlungsweisen

    Vorschlag für einen Leistungsnachweis:
    1. *Stellen Sie Ihre Ausbildungs-Praxisstelle vor.*
    2. *Wählen Sie aus der Konzeption gezielt Schwerpunkte aus, denen Sie eine besondere Bedeutung für Ihre künftige Arbeit beimessen. Mit pädagogischer Begründung können Sie auch Schwerpunkte hinzufügen, die Sie in der Konzeption vermissen.*
    3. *Formulieren Sie auf den Ebenen der Human-, Sozial-, Sachkompetenz persönliche Professionalisierungsvorhaben für die Orientierungs- und Eingewöhnungsphase (in Anlehnung an den „Vertrag mit mir selbst" in Kapitel 2.2.3).*
    4. *Besprechen Sie Ihre Erarbeitung zu Aufgabe 2 und 3 des Leistungsnachweises mit Ihrer Praxisanleitung und entwickeln Sie gemeinsam Unterstützungsmöglichkeiten für Ihre Professionalisierungsvorhaben.*

Alle Aufgaben werden schriftlich beantwortet und als Kurzbericht verfasst. Die im Abschlussbericht zu leistende Gesamtreflexion des Professionalisierungsprozesses kann auf dieser ersten Arbeit aufbauen.

5.3 Unterrichtsinhalte/Netzwerkarbeit/Praxisbesuch

Die oben beschriebene gruppenbezogene und praxisorientierte Dynamik im Begleitunterricht wird durch Ihre Impulse bereichert. Die folgenden Anregungen berücksichtigen Themenstellungen, die sich in der Orientierungs- und Eingewöhnungsphase erfahrungsgemäß gut integrieren lassen:

Biografisches Arbeiten

Lassen Sie die EiA Fallbeispiele aus der Praxis sammeln und im Sinne der **Transaktionsanalyse** auswerten (siehe Kapitel 2.2.2).

> *Beispiel: Sie nehmen auf der dritten Teamsitzung in der Krippe teil und fassen sich ein Herz, Ihre Idee zur Veränderung der Frühstückssituation vorzustellen. Ein Teammitglied, das Ihnen eigentlich sympathisch ist, fällt Ihnen öfter ins Wort. Sie sind verärgert, weil Sie Ihren Veränderungsvorschlag im Sinne frühkindlicher Alltagsbewältigung klar begründen können, spüren aber auch Verunsicherung im Hinblick auf die sich anbahnende persönliche Beziehung zu Ihrer Kollegin. In welchem Ich-Zustand reagieren Sie in dieser Situation? Beschreiben Sie Ihr Verhalten (Körperhaltung, Mimik, Gestik) und formulieren Sie konkrete Aussagen.*

Ebenso können Fallbeispiele auf die **Prinzipien der Beziehung** hin überprüft werden (siehe Kapitel 3.1.1).
Ermöglichen Sie den EiA im Anschluss an die Aufgabenstellungen, in Einzel- oder Kleingruppenarbeit den Wurzeln ihrer Persönlichkeit auf die Spur zu kommen.

→ *Empfehlung zum biografischen Arbeiten: Gudjons/Pieper/Wagener, 2009.*

Einblick in die sozialpädagogischen Arbeitsfelder

Geben Sie den EiA die Möglichkeit, ihre Einrichtung sowie die Konzeption und die Grundlagen der sozialpädagogischen Arbeit vorzustellen. Im Anschluss daran kann die Evaluation der Erfüllung ausgewählter Qualitätskriterien des Situationsansatzes erfolgen.
Ein Beispiel für eine **Evaluationsmatrix** und ein **Arbeitsblatt zur Selbstbildungskompetenz** im Sinne der 3 Professionalisierungsebenen finden Sie im BuchPlusWeb-Material, S. 3 f.

→ *Zum Thema Evaluation finden Sie auch Hinweise im Lehrbuch Erziehen, bilden und begleiten, S. 45.*
→ *Fachliteratur: Preissing, 2008.*

Entwicklungsaufgaben/Bildungsthemen von Kindern und Jugendlichen

Beauftragen Sie die EiA, Ihre Beobachtungen zu den individuellen Entwicklungsaufgaben und Bildungsthemen der Kinder/Jugendlichen in ihrer Einrichtung darzulegen. In diesem Fall bietet sich eine Evaluation zu den konzeptionellen Grundsätzen 3, 4 oder 5 des Situationsansatzes an.

Partizipation

Die Partizipation von Kindern und Jugendlichen folgt dem emanzipatorischen Gedanken, Personen zu befähigen, eigene Rechte einzufordern und die persönliche Entscheidungsfähigkeit zu stärken. Vereinbaren Sie mit den EiA, Formen von Partizipation in den Ausbildungs-Praxisstellen in Erfahrung zu bringen und mit dem Team über die Bedeutung von Partizipation zu sprechen. Oftmals löst dies unversehens engagierte Initiativen in Bezug auf Mitbeteiligung und demokratische Teilhabe von Kindern/Jugendlichen in sozialpädagogischen Einrichtungen aus.

→ *Literaturempfehlung: Betz/Gaiser/Pluto, 2010; www.kleinundgross.de*

Bildungs-, Erziehungs-, Orientierungspläne

Die Kindertageseinrichtungen stehen vor der großen Herausforderung, ihren Platz im Bildungssystem zu definieren und einzurichten. Lassen Sie die EiA zu ausgewählten Schwerpunkten die Bildungspläne der Bundesländer sichten (online unter *http://www.erzieherin.de/bildungsplaene-der-bundeslaender.php*). Motivieren Sie die EiA, „Patin" für einen Schwerpunkt in der eigenen Einrichtung zu werden. An diese Wahl können sich selbst gewählte kleine Aufträge anschließen.

Netzwerk-Fachtag: „Das sozialpädagogische Arbeitsfeld als Entwicklungsraum für alle Beteiligten"

Der Netzwerk-Fachtag soll der Information und der Weiterbildung dienen. Alle EiA der Unterrichtsgruppe sowie deren Praxisanleitungen nehmen daran teil. Die Gelegenheit zum Erfahrungsaustausch und zur gemeinsamen Weiterentwicklung der sozialpädagogischen Arbeit gehört zu den Höhepunkten im Anerkennungsjahr. Auf diese Weise wird dem Qualitätsaspekt „Kooperation von Schule und Praxis" innerhalb der Ausbildung von Erzieherinnen in einem weiteren Punkt genüge geleistet.

Eine Struktur zur inhaltlichen und zeitlichen Gestaltung des 1. Netzwerk-Fachtages finden Sie im BuchPlusWeb-Material, S. 5f.

Praxisbesuch: Leitfaden I

Der Praxisbesuch ist ein weiterer Mosaikstein in der *Kooperationspartnerschaft der Ausbildungsorte Schule und Praxis*. Verabreden Sie frühzeitig Besuchstermine und klären Sie, welche EiA den Besuch zur Hospitation nutzen will. Informieren Sie die EiA und Praxisanleitung darüber, wie Sie den Besuch gestalten und welchen Fragestellungen Sie nachgehen möchten.

Den Leitfaden I finden Sie im BuchPlusWeb-Material, S. 8.

C Mittendrin statt nur dabei! Die Einarbeitungs- und Erprobungsphase

6 Erzieherin im Anerkennungsjahr (EiA)
7 Praxisanleitung
8 Betreuungslehrkraft

6 Erzieherin im Anerkennungsjahr (EiA)

Während der vergangenen Wochen haben Sie Ihre Ausbildungs-Praxisstelle intensiv kennengelernt und festeren Boden unter den Füßen gewonnen. Das ist die beste Voraussetzung, die nächsten Schritte auf dem Weg zur Professionalisierung zu gehen. In diesem Kapitel wird vorgestellt, welche prinzipiellen Anforderungen auf Sie warten und wie die Einarbeitung in die verschiedenen Arbeitsfelder nach und nach gelingt. Zahlreiche Anregungen werden Ihnen dabei helfen, Ihre pädagogische Handlungsfähigkeit zu erproben.

6.1 Sozialpädagogische Arbeit mit Kindern und Jugendlichen

Artikel 12 der UN-Kinderrechtskonvention räumt Kindern und Jugendlichen ein **Recht auf Partizipation** ein. Damit soll sichergestellt sein, dass junge Menschen ihre Interessen und Bedürfnisse einbringen können sowie Unterstützung darin erhalten, gehört und ernst genommen zu werden. Durch die Ideen und Erlebensweisen der jungen Generation erfahren Erwachsene Inspiration und Erneuerung. Politik und Gesellschaft sind auf das Demokratielernen von Kindern und Jugendlichen schon deshalb angewiesen, weil dies den Fortbestand der Demokratie gewährleistet. Dieser Kapitelabschnitt berücksichtigt ausdrücklich den partizipatorischen Ansatz und führt Sie in entsprechende pädagogische Perspektiven ein.

→ *Zum Thema Partizipation finden Sie auch Hinweise im Lehrbuch Erziehen, bilden und begleiten, S. 361 ff.*

6.1.1 Inklusion in Kindertageseinrichtungen

Inklusion in sozialpädagogischen Einrichtungen zu entwickeln bedeutet, *alle* Formen der Ausgrenzung zu reduzieren und *alle* Barrieren für Partizipation, Spiel und Lernen für *alle* Kinder/Jugendlichen zu minimieren.

Überprüfen Sie in Absprache mit Ihrem Team **inklusive Ansätze in der Einrichtung**. *Vertiefen Sie Ihr* **Fachwissen zum Thema „Inklusion"** *und lernen Sie Beteiligungsmodelle kennen.*

→ *Fachliteratur: Den Index für Inklusion in Kindertageseinrichtungen finden Sie über die Seite www.inklusionspaedagogik.de; außerdem: Bruner/Winklhofer/Zinser, 2001 (nur noch als Download unter: http://www.dji.de/bibs/4_Partizipation-Ein_Kinderspiel.pdf).*

Die Kinderkonferenz und andere Beteiligungsmodelle

Beobachtet man Morgenkreise in Betreuungseinrichtungen für Kinder oder regelmäßige Planungstreffen in Einrichtungen der Erziehungshilfe/freien Jugendarbeit lässt sich schnell feststellen, ob hier Erwachsene das Wort führen oder Kinder und Jugendliche wirklich mitbestimmen. Sich in einer Runde zu treffen sollte nicht der einseitigen Informationsverbreitung dienen, sondern die **Gleichwürdigkeit** und damit auch **Gleichberechtigung** der Teilnehmenden ausdrücken.

„Kinder schaffen ihren eigenen Sinn

Wenn wir unsere Beobachtungen und das Wissen um Kinder ernst nehmen, dass sie in anderen Dingen und Fragen Sinn entdecken als wir Erwachsenen, und dass sie auch anders Sinn schaffen als wir, weil die Bewegungen ihres Lebens andere Fragen, Nöte und Begeisterungen hervorbringen, dann muss ein „Stuhlkreis" ein Treffen sein, in dem Kinder deutlich zu Wort kommen. Deutlich meint nicht nur die Gelegenheit zu sprechen, sondern verantwortliche Beteiligung an dem Geschehen: mit ihren Themen, Geschichten, ihren Vorstellungen, ihren Ängsten und Zuversichten, ihren Deutungen und ihrem Wissen und Können."

(Kazemi-Veisari: Wenn im „Stuhlkreis", 2001, S. 27)

Morgentreff mit Überraschungen ...

Besprechen Sie mit Ihrem Team die Einführung oder Aktualisierung von Beteiligungsmodellen in Ihrer Einrichtung.
Als solche sind unter anderem möglich:
- Morgen- oder Sitzkreis, Bezugskindertreff
- Kinder-/Jugendkonferenz oder Vollversammlung
- Kinder-/Jugendparlament, Gruppenrat

- Klären Sie, wie sich dabei die Rolle der Kinder/Jugendlichen und die Rolle der Erwachsenen gestaltet.

- Führen Sie eine „beteiligungsfreundliche" Atmosphäre ein, indem Sie
    - eine Atmosphäre von Interesse und Sicherheit schaffen, in der auch Ängste und Unsicherheit Raum bekommen.
    - die Kinder/Jugendlichen bei der Übernahme neuer Rollen wie „Gruppensprecherin", „Parlamentsvorstand" (rotierend) unterstützen.
    - altersgerechte Beteiligung aufzeigen und anerkennen.
    - Bedürfnisse von Mädchen und Jungen differenzieren.
    - vielfältige Methoden zur Beteiligung anbieten, damit Kinder mit unterschiedlichen Begabungen zum Zuge kommen.

- Unterstützung durch Gleichaltrige fördern.
- an der eigenen Grundhaltung arbeiten.
- die Partizipationsstrukturen auch im eigenen Team realisieren.
- Eltern in den Prozess der verstärkten Beteiligung einbeziehen.

(vgl. Bruner/Winklhofer/Zinser, 2001, S. 30.)

> *Zum Thema Partizipation können Sie im Begleitunterricht referieren und – falls gefordert – einen Leistungsnachweis erbringen.*

6.1.2 Qualität von Lernprozessen: Das Bildungshaus

Kinder/Jugendliche gehen eigenständig individuellen Entwicklungsaufgaben und Bildungsinteressen nach. Abhängig von Alter und individueller Lebenssituation verfolgen sie Ziele, deren Sinn sie intuitiv erfassen. Wenn es um die Selbstbildung geht, sollten Betreuungseinrichtungen als Bildungshäuser und deren Räume als erste Erzieher betrachtet werden. Das Prinzip der Inklusion gilt für alle im Folgenden beschriebenen Bildungsbereiche.

„In den Räumen der Kindertagesstätte [und anderer Betreuungseinrichtungen, Anm. d Verf.] spielt sich ein nicht unwesentlicher Teil des Lebens von Kindern und Erwachsenen ab. Definieren wir die Kita [Betreuungseinrichtungen allgemein, Anm. d. Verf.] als einen ganzheitlichen Lebensraum, ein differenziertes Verbundsystem von Räumen und Orten unterschiedlicher Qualitäten, die einer heterogenen Benutzergruppe zur Verfügung

Kinder haben individuelle Arbeitskonzepte

stehen, können wir stärkere Akzente setzen. So macht es keinen Sinn, in vier Gruppen vier Bauecken-, Puppen-, Kuschel- und Leseecken vorzuhalten: 4 x 4 macht 16 Kleinsträume. Das Spielen in diesen begrenzten Räumen funktioniert ohnehin nur dann, wenn wir mit den Kindern immer wieder neue Regeln (Begrenzungen) aushandeln, zum Beispiel wie viele in welcher Ecke miteinander spielen dürfen. Eine große Bereicherung hingegen ist es, nach und nach von dieser ‚Vier-Ecken-Pädagogik' wegzukommen. Wenn jede Gruppe auch nur einen Bereich mit einer Vielfalt an sorgfältig ausgewählten, ästhetisch präsentierten und gepflegten Materialien ausstattet, entstehen konstruktive Bauplätze, kreative Theaterräume, verträumte Ruheinseln und interessante Bibliotheken – nicht nur für Kinder, auch für Erwachsene!"
(Franz, Lebensraum Kindertagesstätte, 2005, S. 17 f.)

In der sozialpädagogischen Arbeit mit Kindern/Jugendlichen begegnen Sie ständig individuellen Versuchen der Weltaneignung und Selbstbildung. Im Folgenden werden einige Bildungsbereiche exemplarisch vorgestellt, die an der Bedeutung des personellen und räumlichen Umfeldes ansetzen und Anregungen zur Entwicklung eigener professioneller Kompetenzen bieten.

→ Wenn Sie **Bildungsräume für Kinder unter 3 Jahren** gestalten und dabei Licht, Akustik, Gerüche, Raumgliederung bis hin zu Material, Ausstattung und Anregungen für alle Sinne berücksichtigen wollen: Von der Beek, 2010.

→ Ein Fachbuch zur **Einführung in die Bildungsbereiche** nebst praktischer Umsetzungsmöglichkeiten: Henneberg/Klein/Klein/Vogt, 2004. **Anregende Raumgestaltung für Kita, Hort, Grundschule:** Baer, 2007, Hermann/Wunschel, 2002.

Wer mit Jugendlichen arbeitet, sollte anerkennen, dass diese ihre außerschulischen Sozialräume selbst definieren. „Pädagogisch gutgemeinte Raumstrukturierung wird als Vor- und Eingriff in Jugendautonomie gesehen." (Baacke, 2000, S. 315). Hier stellt sich die Aufgabe, Räumlichkeiten und Angebote konsequent partizipatorisch zu gestalten, um im **Wettbewerb mit dem** *Freizeitkonsum* eine sinnvolle Alternative zu bieten.

→ Empfohlene Literatur hierzu: Baacke, 2000.

> *Grundlegende Voraussetzung für die pädagogische Arbeit „ist die Wahrnehmung der Fragen, Interessen und Themen der Kinder, denn diese sind mehr als ein Anlass für Beschäftigungsangebote, sie sind vielmehr Ausdruck des kindlichen Bildungsinteresses und damit Zentrum der zu planenden Angebote." (Ständige Konferenz der Kultusminister, 2004, S. 5).*

Sprache und Literalität

Als Erzieherin sind Sie ein **Sprachvorbild**. In vielfältigen Alltagshandlungen drücken Sie aus, welchen Stellenwert Sprache und Literatur in Ihrem Leben einnehmen. Ihre persönliche Wertschätzung von Sprache zeigt sich darin, auf welche Weise Sie **Sprachanlässe schaffen** und wie Sie **Situationen mit sprachlichem Schwerpunkt gestalten**. Hierfür bieten sozialpädagogische Einrichtungen jedoch äußerst unterschiedliche Rahmenbedingungen.

- Finden Sie heraus, in welchen Räumen (Bereichen) und zu welchen Zeiten Kinder/Jugendliche
    - sich mit Gleichaltrigen ungestört unterhalten können.
    - mit Erzieherinnen Gespräche führen.
    - Sprache im Spiel/spielerisch verwenden.
    - sich mit Bücher betrachten/lesen/selber schreiben beschäftigen.
    - Sprache über elektronische Medien erleben (Musik, Hörspiel-CDs, Computersprachprogramme etc.).
    - Sprachförderung als besondere Maßnahme erfahren (z. B. Schlaumäuse, FörMig etc.).

- Überprüfen Sie gemeinsam mit den Kindern/Jugendlichen, ob Räume (Bereiche) und Zeiten für Gespräche ihren Bedürfnissen und Interessen entsprechen. Welche Veränderungen – auch in Bezug auf die Auswahl von Sprachmedien – werden gewünscht? Lassen sich diese **Veränderungswünsche** im Sinne von Sprachförderung verstehen?

→ *Im Lehrbuch Erziehen, bilden und begleiten finden Sie auf S. 447 f. grundlegende Informationen zur Sprache und Sprachförderung.*

Werden Sie aktiv – gestalten Sie in Absprache mit Ihrem Team Sprachanlässe neu.

- Spracherwerb und Literalität sind eigenaktive und konstruktive Prozesse. Unterstützen Sie Kinder/Jugendliche in ihren selbst gesetzten Zielen zur **Erhöhung von Sprachkompetenz**, indem Sie

  – die Präzision Ihrer eigenen Sprache beobachten und erweitern (metasprachliche Reflexion).

  – Sprachförderung im alltäglichen Umgang mit jungen Menschen partizipatorisch gestalten.

  – Interessen aufgreifen und Handlungszusammenhänge schaffen, die für junge Menschen Sinn gebend sind.

  – Zweisprachigkeit in alltagsrelevanten Situationen kreativ nutzen.

  – Eltern in Aktivitäten einbeziehen.

  – Sprachbeobachtungen durchführen (z. B. SISMIK, SELDAG), auswerten und Konsequenzen für Ihr pädagogisches Handeln ziehen.

Erzieherinnen schreiben Briefe an die Kinder

- Finden Sie für sich heraus, worin Sie **Sprachvorbild** sein wollen: Halten Sie hierzu in ihrem pädagogischen Tagebuch Kriterien fest, an denen Sie sich selbst messen wollen: zum Beispiel Ihre Aussprache, Erzählweise, Vorlesetechnik, Frage-/Antworthaltung, Dialoggestaltung, ... betreffend.

→ *Anwendungsbezogene Literatur: Beushausen/Klein, 2010; Merkel, 2010; Brunner/Waibel, 2011.*

Kompetenzbereiche im Schwerpunkt „Sprache und Literalität"

Reflektieren Sie selbst bzw. mit Ihrer Anleitung, welche kindlichen Kompetenzen durch Ihre Handlungsweisen gefördert werden:

- Sprechfreude
- Wahrnehmung und Erleben
- Wortschatzerweiterung
- Mitteilungsfähigkeit – auch nonverbal
- Aussprache
- Dialogbereitschaft
- Kognition
- Text- und Schriftverständnis
- Motivation
- Emotion
- Selbstkonzept
- Soziale Beziehungen

> *Zum Thema „Sprache und Literalität in der sozialpädagogischen Arbeit" können Sie im Begleitunterricht Ihre Erfahrungen vorstellen bzw. – falls gefordert – einen Leistungsnachweis gestalten.*

Für jeden nun folgenden Bereich des Lernhauses gilt: Sprache ist überall!

FreiRäume für Bewegung

„Bewegungsräume sind weder Tobe- noch Turnräume. Sie sind Räume für ganzheitliche Erfahrungen."
(Von der Beek/Buck/Rufenach, Kinderräume bilden, 2001, S. 75)

Betreuungseinrichtungen für Kinder werden auch durch Bewegungs- und Ruheräume zu Lernwerkstätten. Vom Kleinkindalter bis ins hohe Schulalter sind körperliche Erfahrungen enorm wichtig für eine ganzheitliche Entwicklung bzw. **sensorische Integration**. Nach Jean Ayres bedeutet dies, sinnliche Eindrücke so ordnen und verarbeiten zu können, dass das Gehirn eine angemessene Körperreaktion und ebenso stimmige Wahrnehmungen, Gefühlsäußerungen und Gedanken erzeugen kann. Dank gelingender sensorischer Integration erfährt der Mensch also ganzheitliche Eindrücke: Die körperbezogenen Formen der Weltaneignung und das Erleben eines Körper-Selbst sind wesentliche Grundbausteine für die Entwicklung einer persönlichen Identität. Gerade vor dem Hintergrund der gegenwärtigen Medien- und Konsumkultur müssen pädagogisch reflektierte Umgebungen zum körperlich-seelischen Wohlbefinden und damit zur Gesundheit von Kindern und Jugendlichen beitragen.

- Machen Sie gemeinsam mit Kindern/Jugendlichen einen Haus- und Gartenrundgang. Lassen Sie sich erzählen, welche Bewegungs- bzw. Ruhemöglichkeiten dort zu welchen Zeiten gegeben sind. Erstellen Sie gemeinsam eine Bewegungs- und Ruhelandkarte; Zeiten und Regeln sollten ebenfalls vermerkt werden.

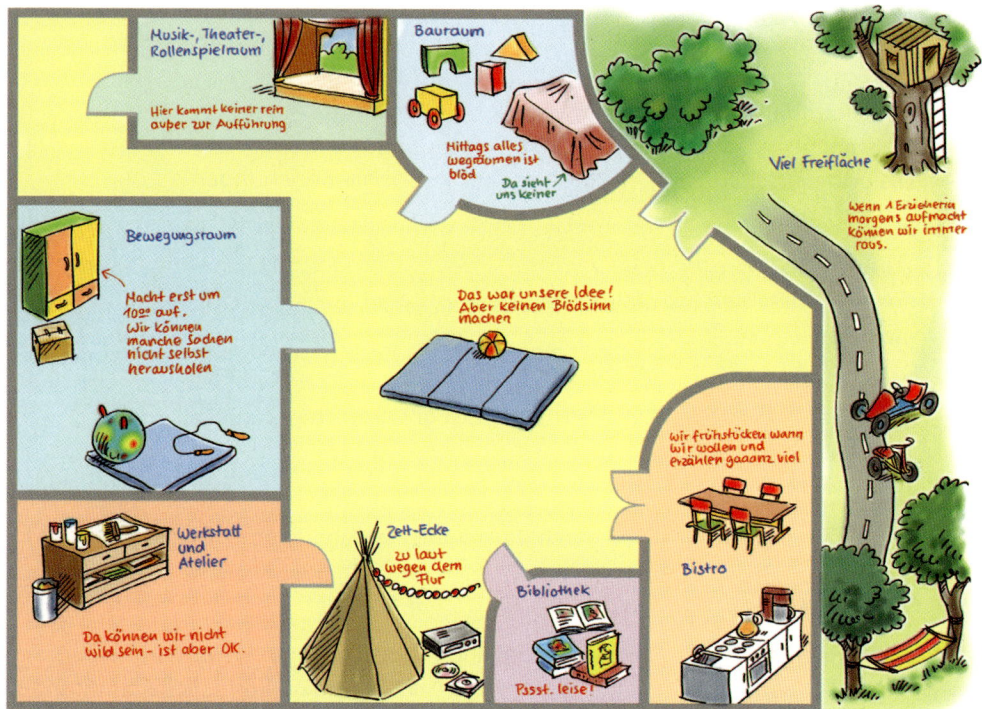

- Mit älteren Kindern können Sie eine schriftliche Auswertung vornehmen:

	Bewegungsräume	Ruheräume
Wo im Haus/Garten?		
Wann zugänglich?		
Welche Raumregelungen?		
Gestaltungswünsche		
Materialwünsche		
Angebotswünsche		

Berücksichtigen Sie bei den Angaben von Erfahrungen und Wünschen jeweils Alters- und Geschlechtsunterschiede.

Stellen Sie die Ergebnisse in der Teamsitzung vor. Beraten Sie mit den Kolleginnen, welche Veränderungen aufgegriffen werden und planen Sie kooperativ weitere Schritte – natürlich unter Einbezug der Kinder/Jugendlichen.

- Finden Sie für sich heraus, worin Sie **Bewegungsvorbild** sind: Halten Sie hierzu in Ihrem pädagogischen Tagebuch Kriterien fest, an denen Sie sich selbst messen wollen: zum Beispiel Ihre Bewegungsfreude, -initiative, -vielfalt, Umsicht, Kreativität, Genussfähigkeit ... betreffend.

→ *Planungshilfen für Bewegungs- und Ruheräume finden Sie bei Von der Beek/Buck/Rufenach, 2001. Typische Entwicklungsthemen von Hortkindern umreißt Schratt, 1999. Jährliches Fortbildungsangebot zum Thema „Kindheit und Bewegung" im Internet unter: http://www.kongress.kindheit.uni-osnabrueck.de/Fachliteratur: Zimmer, 2004; Zimmer, 2010.*

Mit Schwung kommt man weiter ...

Zum Thema „FreiRäume für Bewegung in der sozialpädagogischen Arbeit" können Sie im Begleitunterricht Ihre Erfahrungen vorstellen bzw. – falls gefordert – einen Leistungsnachweis erbringen.

Was haben Sprache und Bewegung miteinander zu tun?

Die Kombination von Sprache und Bewegungsablauf ist ein nachgewiesener *Entwicklungskatalysator*, denn sensomotorische Erfahrungen zählen zur Grundvoraussetzung der Sprachentwicklung.

Nehmen Sie sich vor, **Bewegungshandeln und sprachliches Handeln** bei Kindern/Jugendlichen als parallele Erfahrung zu unterstützen. Hier einige Vorschläge, die Sie unter Beachtung der Altersangemessenheit aufgreifen und variieren können:

Bewegungshandeln	Sprachliches Handeln
eine Vorstellung vom eigenen Körper entwickeln	Körperteile benennen, unterscheiden

Bewegungshandeln	Sprachliches Handeln
rhythmische Spiele und Bewegungsformen	Sprachrhythmus und Bewegungsrhythmus aufeinander abstimmen, rhythmische Verse zu Bewegungen finden
den Raum erkunden, klettern, kriechen, laufen	Begriffe wie vorne, hinten, oben, unten, unter, über, schnell, langsam zuordnen
physikalische Beschaffenheit erspüren	für Bodenbeläge, Materialien etc. *gefühlte* Begriffe benennen/erfinden
in Fantasierollen schlüpfen	Fantasierollen mit der eigenen Stimme inszenieren, Rollen mitteilen, dem Spielpartner erklären
Spiele mit Regeln spielen	Regeln benennen/vereinbaren, sich abstimmen
gemeinsam bauen, konstruieren	sich austauschen, absprechen, Konsequenzen abwägen
...	...

Die Tabelle ist in Anlehnung erstellt an: http://www.dji.de/bibs/384_Expertise_Bewegung_Zimmer.pdf

→ *Fachliteratur zur Sprachförderung durch Bewegung: Zimmer, 2009.*

Kompetenzbereiche im Schwerpunkt „Bewegung (und sprachliches Handeln)"

Reflektieren Sie nach einer Bewegungsaktion für sich selbst bzw. mit Ihrer Anleitung, welche kindlichen Kompetenzen durch Ihre Handlungsweisen gefördert werden:

- Motorik
- Wahrnehmung und Erleben
- Selbstkonzept
- Soziale Beziehungen
- Kognition
- Raumverständnis

- Materialwissen
- Sprachliches Handeln
- Motivation
- Emotion
- Ausdruck

Entdecken und forschen

„‚Bei Lernen, da muss man lernen. Da müssen die was Basteln mit Kleber. Wenn Kinder was erfinden, gehört das ihnen. Erfinden ist wie spielen. Lernen ist nicht wie spielen.' Ozhan, (5)."
(Henneberg, Erfinden, TPS 10/2006, S. 35)

Entdecken Sie Ihr eigenes Forscherinteresse. Lassen Sie sich zum Beispiel von der Website *www.haus-der-kleinen-forscher.de* inspirieren, und machen Sie sich vertraut mit den vielfältigen Möglichkeiten der selbstbestimmten Aneignung von Weltwissen.

- Sichten Sie Materialbestände sowie Forscherutensilien in Ihrer Einrichtung und sammeln Sie fachliche Argumente für die Bedeutung kindlichen Experimentierens *ohne* erwachsenes Vorauseilen und Besserwissen. Diese Haltung unterstützen unter anderem die Bildungspläne der Bundesländer und Henneberg/Klein/Klein/Vogt (2004). Bringen Sie schließlich in Erfahrung, welche Themen die Kinder/Jugendlichen beschäftigen. Entscheiden Sie sich davon ausgehend für die Planung erster Entdecker-Angebote und Selbstbildungs-Gelegenheiten. Hier einige Anregungen für unterschiedliche Altersstufen:

  – **Gegenstände und Material**
  Schon mit sehr jungen Kindern können Sie **einfache Materialerkundungen** durchführen: Legen Sie verschiedene Gegenstände aus, die sich in Bezug auf Festigkeit, Umfang, Oberfläche etc. unterscheiden (z. B. Bälle, Igelbälle, Schaumstoffröhren, Tücher, Holzklötze). Auch Haushaltsgegenstände bzw. Obst- oder Gemüsesorten (gewaschen und essbar) eignen sich für sinnliche Entdeckungen. Erkundigen Sie sich zuvor über Allergien und Unverträglichkeiten. Experimentieren mit Wasser ist eine oft stundenfüllende Aktivität. Gießen, Umfüllen, Schöpfen etc. erfordern aber entsprechende Nassräume mit Raumtemperierung oder ausreichend Sonnenwärme. Etwas ältere Kinder sind auch mit Alltagsmaterialien zu begeistern (Zeitungen, Papprollen, Kartons). Naturgegenstände sollten am besten vor Ort – im Außengelände, Wald – aufgestöbert und untersucht werden. Vorschulkinder und Schulkinder können Sie mit **Klassifizierungen** zum Nachdenken anregen: Welche Gegenstände sind aus Natur-, welche aus Kunstmaterial? Zu welcher Klasse von Objekten zählen Auto, Fahrrad, Lastwagen, Bagger?

  – **Naturerfahrung und Biologie**
  Raus aus dem Haus! Erkunden Sie mit Kindern, wie anregungsreich das **Außengelände** ist. Kann hier Natur erforscht oder bearbeitet werden? Können Kinder gärtnern oder Bauarbeiten erledigen? Was wollen Kinder über **Naturphänomene** wissen? Inspirierende Beispiele finden Sie bei Lutz/Netscher, 2001. Naturerfahrung im **Wald** eignet sich für alle Altersstufen und sollte ein regelmäßiges Angebot darstellen. Für junge Kinder ist der Weg dorthin bereits ein lohnendes Ziel – Neugier verträgt sich nicht mit Zeitdruck. Ein **Forscherkoffer** sollte zur Standardausrüstung gehören (Lupengläser, Behälter, Pflanzen-/Tierbestimmungsbuch, Reagenzgläser, Papier, Stifte, Metermaß, Waage etc.). Die **Natur als Bildungsraum** vereint sinnliche und kognitive Lernherausforderungen wie kein anderer Bereich: fühlen, sehen, hören, riechen, beobachten, ordnen, sortieren, zählen, benennen.

➔ *Anwendungsbezogene Literatur:*
Für 2–3Jährige: Kieninger, 2008a; Vorschulalter: Lück, 2003; Hecker, 2005; für Kinder ab etwa 8 Jahren: Rüter, 2009

Hinter die Selbstverständlichkeit natürlicher Vorgänge blicken …

– **Zahlen und Mathematik**
Sensibilisieren Sie sich und Kinder/Jugendliche dafür, dass die Welt voller Zahlen und Mengen steckt: in Form von Zeit, in der Anzahl oder dem Gewicht von Personen, Gegenständen, Naturobjekten bzw. in der Geometrie von Formen und Räumen. Die Auseinandersetzung mit Zahlen und geometrischen **Erscheinungsformen im Alltag** erfüllt die Anschaulichkeit, die Kinder im konkret-operationalen Denkstadium anspricht und fördert. Spielerische Zähl- und Sortieraktionen, der Bau einer Zahlenstadt, das Erfinden von Zahlengeschichten usw. können Ausgangspunkt für die Beschäftigung mit Zahlen oder Mengen sein, die von den Kindern selbstständig weitergeführt werden. Schulkinder und Jugendliche, die bereits formal-operationale, abstrakte Denkvorgänge beherrschen (nähere Erläuterungen im Lehrbuch Erziehen, bilden und begleiten, S. 175 f.), finden ihre Herausforderungen in Berechnungen oder zeichnerischen Plänen, die etwa der Finanzierung eines Festes oder dem Bau einer Hütte vorausgehen. Die Verbindung mit **Sprache** oder **Musik (Rhythmik)** eröffnet zusätzliche Experimentierfelder.

Erkennen Sie aus der Perspektive des Kindes die Logik seines Würfelbaus?

→ *Anwendungsbezogene Literatur: Royar/Streit, 2010, Hoenisch, 2007; http://lehrtheke.de/Leitfaden.htm.*

– **Technik und Physik**
Kinder/Jugendliche leben inmitten einer technisierten Welt und haben ein Recht darauf, diese kennen und verstehen zu lernen. Bieten Sie unter Beachtung von Sicherheitsvorkehrungen die **Nutzung technischer Geräte** an oder ermöglichen Sie **Erfahrungen mit physikalischen Prozessen**. Unterstützen Sie Kinder/Jugendliche dabei herauszufinden, wie technische oder physikalische Abläufe funktionieren, wem Technik nutzt und welche Benutzerformen kritisch zu betrachten sind. Sicher finden Sie im Kreis der Kolleginnen oder Eltern jemanden, der Ihnen im Schwerpunkt Technik und Physik Hilfestellung geben kann. Keine Bange: Seien Sie einfach Mitlernende und Mitforscherin.

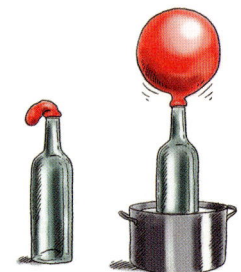

Der Luftballon-Aufblas-Automat

→ *Anwendungsbezogene Literatur: Für 2–3Jährige: Kieninger, 2008b; Kieninger, 2008c; Vorschulalter: Michel, 2008; für Kinder ab 8 Jahren: Würmli 2010, Hermens/Hostert/Lückemeier, 2004; www.physikfuerkids.de.*

• Finden Sie für sich heraus, worin Sie **Entdecker- und Forschervorbild** sein wollen: Halten Sie hierzu in ihrem pädagogischen Tagebuch Kriterien fest, an denen Sie sich selbst messen wollen: zum Beispiel Ihre Neugier, Entdeckerfreude, Kreativität, Fantasie, Geduld, Ideenvielfalt, ... betreffend.

Kompetenzbereiche im Schwerpunkt „entdecken und forschen"

Reflektieren Sie regelmäßig für sich selbst bzw. mit Ihrer Anleitung, welche kindlichen Kompetenzen durch Ihre Handlungsweisen gefördert werden:

- Konstruieren
- Experimentierfreude
- Beobachtungsfähigkeit
- Abstraktionsvermögen
- Kreativität
- Originalität
- Eigeninitiative
- Geduld
- Verständnis für Zahlen, Zeit, Raum, Größe, Volumen, Menge, Gesetzmäßigkeiten
- Soziale Beziehungen
- Sprache
- Verantwortung
- Kooperation
- Konzentration

Zum Thema „Entdecken und Forschen in der sozialpädagogischen Arbeit können Sie im Begleitunterricht Ihre Erfahrungen vorstellen bzw. – falls gefordert – einen Leistungsnachweis erbringen.

Medien: Sehen, hören, lesen … selber machen

Im Medien- und Informationszeitalter wachsen Kinder/Jugendliche mit vielen Erfahrungen aus zweiter Hand auf. Die Welt über Medien zu erkunden ermöglicht, Grenzen aufzuheben und Vielfalt zu erleben, birgt aber Gefahren wie Medienabhängigkeit, Medienmissbrauch und Medienverwahrlosung.

Kinder leben mit Medien

- Machen Sie Kindern/Jugendlichen altersgerechte Medienarten und -inhalte zugänglich: Bücher, Zeitschriften, Hörspiele, Musik-CDs, ausgewählte Filme/Dokumentationen, Radiosendungen, Computer-(Lern-)Programme, Internet etc. Laden Sie zu Gesprächen über mediale Inhalte ein, und fördern Sie **rezeptionsorientiertes Medienerleben** (medienbezogenes Spielverhalten). Überprüfen Sie die Gestaltung von Räumen und das Angebot von Materialien, die ein **reproduktionsorientiertes Medienerleben** ermöglichen. Gestalten Sie schließlich **produktionsorientierte Medienarbeit**, indem Sie Kinder/Jugendliche Bilderbücher, Fotos, Hörspiele, Filme u. Ä. selbst erstellen lassen.

Tauschen Sie sich im Team darüber aus, was Sie in Bezug auf Mediennutzung und -wirkung bei Kindern/Jugendlichen beobachten. Geben Ihre Beobachtungen Anlass zu differenzierteren pädagogischen Überlegungen?

- Entdecken Sie für sich, worin Sie **Mediennutzervorbild** sein wollen: Halten Sie hierzu in Ihrem pädagogischen Tagebuch Kriterien fest, an denen Sie sich selbst messen wollen: zum Beispiel Ihren eigenen Mediengeschmack, Medienkonsum, ... betreffend.

→ *Anwendungsbezogene Literatur Medienarbeit mit Kindern: Knauf, 2010; Fthenakis/Schmitt/ Eitel/Gerlach/Wendel/Daut, 2009; mit Schülern und Jugendlichen: Pöttinger/Schill/Thiele, 2005.*

Kompetenzbereiche im Schwerpunkt „Medien"

Reflektieren Sie regelmäßig für sich selbst bzw. mit Ihrer Anleitung, welche kindlichen Kompetenzen im Schwerpunkt Medien durch Ihre Handlungsweisen gefördert werden:

- Wahrnehmung und Erleben
- Mitteilungsfähigkeit
- Sprache
- Medienkompetenz
- Text-, Schrift- und Bildverständnis
- Kreativität
- Originalität
- Motivation
- Emotion
- Selbstkonzept
- Ausdruck
- Soziale Beziehungen

Zum Thema „Medien und sozialpädagogische Arbeit" können Sie im Begleitunterricht Ihre Erfahrungen vorstellen bzw. – falls gefordert – einen Leistungsnachweis gestalten.

Die Themen der Kinder und die Rolle der Erzieherin

„Raushalten gilt nicht! Macht euch auf die Suche nach den Themen der Kinder!"
(Saalfeld, Was uns behindert, 2002, S. 27)

Kinder lernen, indem sie eigene Sinnkonstruktionen der sächlichen und natürlichen Umwelt sowie der sozialen Beziehungskonstellationen vornehmen, die sie umgeben. Entscheidend ist also, wie Sie und Ihre Kolleginnen die sozialpädagogische Einrichtung als anregenden Erfahrungsraum gestalten. Es liegt in der Verantwortung der Fachkräfte, die Sinnsuche und die Eigeninteressen von Kindern/Jugendlichen beobachtend, fragend und in Beratungen einbeziehend zu erfassen.

- Erstellen Sie ein **Metaplan-Meinungsbild**, um die Themen der Kinder/Jugendlichen in Erfahrung zu bringen. Dazu schreiben die Kinder/Jugendlichen ihre Interessen oder Beobachtungen auf Kärtchen und heften diese an eine große Wand im Flur. Ergeben sich Überschneidungen? Verdichten sich Stichworte dahingehend, dass sogar ein Projekt entstehen könnte?

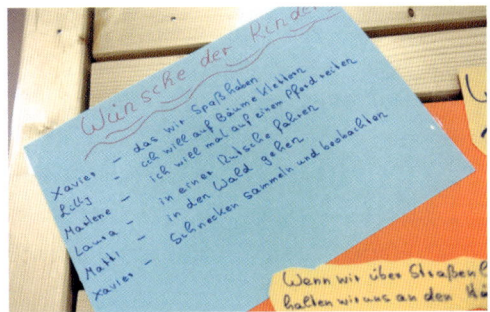

Auf die Themen der Kinder kommen …

Sprechen Sie im Team über das Metaplan-Meinungsbild. Was erfahren die Fachkräfte über die Aussagen der Kinder/Jugendlichen? Wie sehen die nächsten Schritte aus, um wichtige Themen in der Einrichtung wirklich erlebbar werden zu lassen? Auf welche Weise können die Kinder/Jugendlichen in die Planung dieser Schritte einbezogen werden?

Überprüfen Sie, ob Ihre pädagogische **Grundhaltung** dem Prinzip „**Kinder sind Akteure ihrer eigenen Entwicklung**" entspricht: Entscheiden Sie nicht *für* das Kind/den Jugendlichen, sondern finden Sie *mit* ihm das Richtige heraus. Dazu gehört auch, gemeinsam mit Kindern/Jugendlichen zu besprechen, wie sie miteinander spielen und lernen wollen, und welche Regeln sie dazu brauchen.

Mit Kindern Regeln finden

Regeln sollten gemeinsam *mit* den Kindern/Jugendlichen entstehen und wachsen. Schon aus diesem Grund sind Regeln als ein **Prozessgeschehen** zu verstehen und immer wieder gemeinsam auf ihren **Sinn** und ihre **Berechtigung** hin zu überprüfen. Vertrauen Sie darauf, dass Kinder/Jugendliche selbst spüren, wenn sie nicht zu ihrem Recht kommen oder sich übergangen, hilflos, ungeschützt fühlen.

Sprechen Sie in Gesprächskreisen das Thema Regeln an und fragen Sie die Kinder/Jugendlichen, inwiefern bestehende Regeln noch Zustimmung bekommen oder aus deren Sicht der Veränderung bedürfen. Begründen Sie Ihre eigene Sicht auf bestehende Regeln. Gestalten Sie gemeinsam **Regel-Tafeln** (Magnet- oder White-Boards), die zur Veränderung einladen.

→ *Anwendungsbezogene Literatur: Klein, 2000.*

Wie man produktive Fragen stellt

Wer sinnvolle Fragen stellt, erhält auch sinnvolle Antworten. Mit produktiven Fragen verknüpfen Sie den Bildungsbereich **Sprache** mit dem Bildungsbereich **Entdecken und Forschen**.

Üben Sie sich darin, **produktive Fragen** zu stellen. Dazu eignen sich viele Situationen und Gelegenheiten. Überprüfen Sie anhand der Antworten der Kinder/Jugendlichen, wie animierend Ihre Fragestellung gelungen ist.

Fragebeispiele:

- **Aufmerksamkeit weckende Fragen:** *Was beobachtest du gerade Interessantes? Was passiert denn da? Wie ist das entstanden? Wie sieht es aus/fühlt/hört es sich an?*
- **Fragen zum Messen und Zählen:** *Wie viel …? Wie lang …? Wie oft …? Ist es länger/schwerer/größer als …?*
- **Vergleichende Fragen:** *Worin unterscheidet sich … von …? Was war vorher – was ist jetzt?* Die Fragen können sich auf Farbe, Größe, Volumen, Gestalt, Beschaffenheit, Aufbau, Klassifizierungen beziehen.
- **Handlungsfragen:** *Was geschieht, wenn du … (statt kaltem Wasser warmes Wasser verwendest)? Was hast du als nächstes vor? Was brauchst du, um …?* Solche Fragen regen zum Experimentieren und zum Verständnis der Beziehung von eigenem Handeln und der Reaktion einer Sache an.
- **Problemaufwertende Fragen:** *Kannst du eine Methode finden, um … (einen Gegenstand, der sinkt, zum Schwimmen zu bringen)?* Diese Fragen motivieren zum Problemlösen und ermöglichen kreative, originelle Vorgehensweisen.
- **Warum und Wie Fragen:** Allgemein kann man jederzeit nach dem Warum und Wie fragen, doch das sollte nicht in schulisches Abfragen ausarten.
- **Fragen der Kinder beantworten:** Natürlich kann man Kindern altersgerechte Antworten zum Forschungsthema geben; der Prozess des Entdeckens und Forschens wird jedoch intensiviert, indem man gemeinsam weiter zu Erkenntnissen vordringt – z. B. erneut Handlungsfragen stellt oder sich motiviert äußert, etwa: *„Lass und doch mal sehen was passiert, wenn …"* (vgl. www.entdeckendes-lernen.de)

6.1.3 Sozialpädagogische Mädchen- und Jungenarbeit

Mädchen und Jungen erleben sich selbst und ihre Umwelt weder völlig gleich noch auf klar voneinander zu trennende Weise. Die koedukative (beide Geschlechter umfassende) Betreuung ist daher sinnvoll und gewinnbringend. Dennoch gibt es **Bedürfnisse und Interessen**, die Mädchen und Jungen lieber in **Abwesenheit des anderen Geschlechts** äußern und ausleben. Erwachsenen geht es nicht anders. Beraten Sie mit Ihren Kolleginnen, zu welchen Zeiten sich Mädchen- bzw. Jungengruppen treffen können und welche Räumlichkeiten

Junge, Junge! Geschlechterbezogene pädagogische Arbeit

es dafür gibt. Dies gilt für alle Altersstufen, bekommt jedoch ab dem Schulalter noch größere Bedeutung. Geben Sie den Gruppen Gelegenheit zur Gestaltung der gemeinsamen Zeit – dann eröffnen sich die bedeutsamen Themen von selbst. Ein anregender Impuls kann sein, sich über **geschlechtsbezogene Rollenbilder** im Alltag, im Fernsehen, in Zeitschriften und Musikvideos, in der Werbung etc. auszutauschen. Womit identifizieren sich Mädchen und Jungen? Aus welchen Gründen? Unterstützen Sie biografische Betrachtungen und regen Sie zu einem einfühlsamen Austausch an. **Soziales Lernen, Perspektivenübernahme, Empathie, kritische Geschlechtsrollenidentifikation, Selbstwertgefühl** sowie **Stärkung der eigenen Grenzen** sind nur einige Kompetenzen, die auf diese Weise ausgebildet werden können.

→ *Anwendungsbezogene Literatur: Klinger, 2008; für die Jugendarbeit: Sturzenhecker/Winter, 2010.*

Mut zur Initiative!

Fördern Sie die kindliche/jugendliche Selbstwahrnehmung und den **Dialog der Geschlechter**. Klären Sie sensibel über verschiedene Stereotype auf und gestehen Sie Mädchen und Jungen zu, sich *anders* als ein typisches Mädchen/ein typischer Junge zu fühlen und zu verhalten. Ermöglichen Sie die Dokumentation von Ansichten und Wünschen auf Plakaten, Bildern oder Fotos. Animieren Sie zu Vorführungen (Theaterstück, Song, Geschichte, Video), durch welche Kinder/Jugendliche ihr Selbstgefühl ausdrücken können. Schaffen Sie ein **Klima gegenseitiger Wertschätzung**, in dem Erfahrungen und Sichtweisen ausgetauscht und Interesse aneinander entstehen kann.

6.1.4 Be(ob)achten, dokumentieren und planen Teil I

„Im Wort Beobachtung stecken die Wörter achten, beachten und ob. Nimmt man sie ernst, so sind darin Zuwendung (achten), Konzentration (beachten) und Fragen (ob?) enthalten, weswegen ich gern die Schreibweise „Be(ob)achtung" wähle, um diese elementaren Bestandteile hervorzuheben. Auch im Begriff Wahrnehmen ist eine mehrfache Bedeutung versteckt, denn sprachgeschichtlich steht der Begriff „wahrnehmen" im Bedeutungszusammenhang mit wahren, behüten, beachten, sich kümmern. Demnach verweist das Wort sowohl auf aktive Sinneshandlungen hin als auch auf die Verantwortung demjenigen gegenüber, der wahrgenommen wird."

(Kazemi-Veisari, Kinder verstehen lernen, 2004, S. 20)

Erkundigen Sie sich, welche Beobachtungs- und Dokumentationsformen in Ihrer Einrichtung Verwendung finden. Vielleicht kennen Sie aus der theoretischen Ausbildung noch andere Methoden, die Sie erproben möchten.

→ *Im Lehrbuch Erziehen, bilden und begleiten finden Sie auf den Seiten 106 ff. und 542 ff. grundlegende Informationen zu diesem Thema.*

Gerd E. Schäfer (2004/05, S. 1–7) unterscheidet zwei Formen der Beobachtung: Die **Beobachtung gerichteter Aufmerksamkeit** und die **Beobachtung ungerichteter Aufmerksamkeit.**

I. Beobachtung gerichteter Aufmerksamkeit	II. Beobachtung ungerichteter Aufmerksamkeit
zielt auf Verhaltensweisen und Verhaltensbereiche, die bereits bekannt und theoretisch abgesichert sind, z. B. Fragebögen, Einschätz-Skalen, Tests. Hier soll die Qualität von Verhaltensweisen beurteilt werden:	hat keinen vorbestimmten Fokus, sondern will wahrnehmen, was Kinder indirekt oder direkt über sich, ihre Erlebnisse und ihre Gedanken mitteilen. Sie ist offen für Überraschungen und wird durch Nachdenken zu entdeckendem Beobachten:
Ziel: Übereinstimmung des Kindes mit bestimmten Vorannahmen feststellen (z. B. entwicklungsgemäßer sprachlicher Ausdruck)	Ziel: Durch empathische Beteiligung die individuellen Besonderheiten des Kindes wahrnehmen

Fragestellungen für die Beobachtung ungerichteter Aufmerksamkeit finden Sie online (Schäfer, 2004/05).

Die **Dokumentation von Beobachtungen** erfolgt entweder durch Eintragungen in vorgegebene Listen/Skalen (**I**) oder durch erzählerisches Aufschreiben, mediales Archivieren (Fotos, Videos in Vereinbarung mit den Kindern) oder Sammeln von Ergebnissen und erarbeiteten Produkten der Kinder (**II**). Schäfer sieht vier Gründe, die eine Dokumentation notwendig machen:

Dokumentationen sind

- ein **externes Gedächtnis** für die Kinder.

- das **professionelle Werkzeug der Erzieherin**, um ihre Arbeit zu überdenken und um daraus neue Vorschläge zu entwickeln, allein oder im Team.

- das **Schaufenster**, in dem die Arbeitsergebnisse der Kinder anderen Kindern und den Erwachsenen/Eltern gezeigt werden.

- die Basis der Informationen, die für den **Übergang in die Schule** benötigt werden. Als solche enthalten sie – mit Zustimmung der Eltern – einen für die Schule bedeutsamen Auszug aus dem Bildungsweg des Kindes in der Kindertageseinrichtung.

(vgl. Schäfer 2004/05, S. 9).

- Führen Sie Beobachtungen der Form I und der Form II durch.

- Wählen Sie unter den vier Begründungen aus, welche Art von Dokumentation Sie für eine Beobachtung der Form II gestalten möchten. Beziehen Sie in die Gestaltung auch das beobachtete Kind ein.

- Stellen Sie die Dokumentation gemeinsam mit dem Kind dessen Eltern/Ihren Kolleginnen vor.

Reflektieren Sie mit Ihrer Praxisanleitung die Erfahrungen mit den Beobachtungsformen und der Dokumentation.

→ Fachliteratur zur **Profilbildung „professionelles Beobachtungsverhalten und Dokumentationsarbeit":** Kazemi-Veisari, 2004; Haug-Schnabel/Bensel, 2005.

Bildungs- und Lerngeschichten

Im Projekt des Deutschen Jugendinstituts (DJI) „Bildungs- und Lerngeschichten" wurde das von der Neuseeländerin Margaret Carr entwickelte Verfahren der Learning Stories aufgegriffen und zur Konkretisierung und Umsetzung des Bildungsauftrages im Elementarbereich erprobt. Die von Fachkräften und Eltern gesammelten Erfahrungen mit Bildungs- und Lerngeschichten werden in einem Abschlussbericht sehr anschaulich dargestellt (http://www.dji.de/bildung-lerngeschichten/BuLG_Abschlussbericht.pdf). Auf den Seiten 104–107 sind Fragestellungen aufgelistet, die Sie Ihren eigenen Beobachtungen zugrunde legen können.

Den Learning Stories werden Teaching Stories zu Seite gestellt, die aus der Perspektive des Kindes Fragen an die Erzieherin richten.

Learning Stories …	Teaching Stories …
… sind Episoden, die für Kinder individuell bedeutsam sind.	… sind Lerngeschichten der Erzieherinnen auf dem Weg zu feinfühligen und respektvollen Beziehungen zu Kindern.
… geben Auskunft über den subjektiven Sinn kindlichen Handelns.	… fragen danach, wie Erzieherinnen Kinder beobachten und ihnen zuhören.
… sind prozessorientiert und gehören den Kindern.	… inspirieren, die Lernumgebung anregend vorzubereiten und Verbindung zum familiären/sozialen Umfeld herzustellen.
…werden von Erzieherinnen im Austausch mit Kindern verfasst.	
… unterscheiden 5 Lerndispositionen:	… sensibilisieren für die 5 Lerndispositionen:
– interessiert sein,	– Kennst du mich und meine Interessen?
– engagiert sein, sich vertieft mit etwas beschäftigen,	– Kann ich dir vertrauen?
– standhalten bei Herausforderungen und Schwierigkeiten,	– Ermunterst du mich, über Neues nachzudenken und Unbekanntes auszuprobieren?
– sich ausdrücken und mitteilen,	– Hörst du mir zu und reagierst du auf mich?
– an der Lerngemeinschaft mitwirken und Verantwortung übernehmen.	– Unterstützt du mich dabei, ein Teil der Gruppe zu sein?

In 4 Schritten gelangen Sie vom Beobachten zum pädagogischen Handeln:
1. **Beschreiben:** Halten Sie Ihre Beobachtung möglichst präzise fest. Achten Sie darauf, keine Bewertungen und Interpretationen vorzunehmen.

2. **Diskutieren:** Besprechen und vergleichen Sie mit Kolleginnen individuelle Deutungen der Beobachtung.
3. **Dokumentieren:** Formulieren Sie eine individuelle Lerngeschichte, die aus der Besprechung mit den Kolleginnen und dem Austausch mit dem Kind resultiert; persönliche Aussagen, Bilder, Dokumente, Produkte des Kindes ergänzen die Dokumentation/das Portfolio.
4. **Entscheiden:** Erörtern Sie im Team, was das Kind brauchen könnte, um seine Anliegen zu erreichen bzw. sein Wissen und Können zu erweitern. Gehen Sie hierzu auch mit dem Kind in den Dialog. Folgen Sie der Initiative des Kindes und handeln Sie spontan. Versuchen Sie Ihrerseits initiativ zu werden und die Erfahrungen des Kindes zu bereichern, indem Sie ein konkretes Vorhaben planen. (vgl. Remsperger, TPS 4/2006, S. 44).

- Schreiben Sie eine Lerngeschichte für ein Bezugskind. Berücksichtigen Sie dabei die Bedeutung der Learning und der Teaching Stories. Folgen Sie den Schritten 1 bis 3.
- Überlegen Sie, welche Impulse bzw. Angebote das Kind bei seinem nächsten Lernschritt unterstützen können. Skizzieren Sie eine Planung zu diesen Vorstellungen.
- Erörtern Sie die Planung im Team und setzen Sie Ihr Vorhaben um. Orientieren Sie sich an Schritt 4.

Reflektieren Sie Ihren Weg vom Beobachten zum pädagogischen Handeln mit der Praxisanleitung.

- Beobachtung ist auch Beziehungsgestaltung: Überprüfen Sie Ihr Beobachterverhalten anhand der Kriterien zur Beziehungsgestaltung im sozialpädagogischen Arbeitsfeld (siehe 3.1.1).

→ *Anwendungsbezogene Literatur für die Kindertagesbetreuung: DJI, 2010; für den Hort: DJI, 2009.*

6.2 Arbeit im Team

Im vorangegangenen Abschnitt *Sozialpädagogische Arbeit mit Kindern/Jugendlichen* haben Sie vielseitige Anregungen für die Einarbeitung und Erprobung in diesem Arbeitsfeld erhalten. Sicher ist Ihnen dabei aufgefallen, dass individuelle pädagogische Handlungsweisen oftmals eng mit dem Handeln von Kolleginnen oder mit Prozessen des gesamten Teams verbunden sind. Der folgende Abschnitt soll Sie darin unterstützen, die Arbeit im Team als wichtigen Teil Ihres Professionalisierungsprozesses zu verstehen.

6.2.1 Kooperativ planen und handeln

Ihre Einrichtung ist ein Bildungshaus, in dem Menschen – ob jung oder alt – Entwicklungen vollziehen und lebenslang lernen. Wenn Sie gemeinsam mit Ihrem Team dieses Bildungshaus anregend gestalten wollen, ist es sinnvoll, die Bedingungen kooperativen Planens und Handelns zu erschließen. Zwei ausgewählte Bedingungen sollen dies verdeutlichen:

Von Erfahrungsschätzen profitieren

Kooperativ planen und handeln setzt voraus, dass sich sozialpädagogische Fachkräfte gegenseitig kennenlernen, in ihrer Entwicklung unterstützen und wertschätzen.

- Sprechen Sie Ihre Praxisanleitung/Kolleginnen darauf an,
    - welche persönlichen und fachlichen Motive deren pädagogisches Handeln leiten,
    - aufgrund welcher Erfahrungen sie zu bestimmten Überzeugungen gelangt sind,
    - dank welcher Erfahrungen sie sich von bisherigen Überzeugungen gelöst haben,
    - wie sie ihren eigenen Entwicklungsprozess wahrnehmen.

- Stellen Sie Ihren bisherigen Erfahrungsschatz ebenfalls selbstbewusst vor. Nehmen Sie dafür alltägliche Situationen genauso zum Anlass wie Reflexions- oder Fachgespräche. Behalten Sie pädagogische Handlungsweisen bei, wenn Sie diese aus persönlicher und fachlicher Überzeugung vertreten können. Ändern Sie Ihre bisherigen pädagogischen Handlungsweisen dann, wenn Sie überzeugt davon sind, dass sich Ihre persönlichen und/oder fachlichen Motive verändert haben. Gestehen Sie den Rückgriff auf persönliche Erfahrungsschätze auch Kindern und Eltern zu. Auf diese Weise sind alle Beteiligten im Bildungshaus durch einen dynamischen Prozess miteinander verbunden.

Leitbild und pädagogischer Alltag

Kooperativ planen und handeln setzt voraus, Aspekte des Leitbildes der Einrichtung mit den tatsächlichen Abläufen/Handlungsweisen in der Einrichtung abzugleichen. Dieser Vorgang wird von Zeit zu Zeit wiederholt, um gemeinsam über die Beibehaltung oder Neujustierung von Abläufen/Handlungsweisen zu entscheiden.

„Freude am Lernen"

Um sich als selbstwirksam zu erleben und die Welt mitgestalten zu können, brauchen Kinder Wissen über die Phänomene, Gesetzmäßigkeiten und Zusammenhänge der Welt sowie von

kulturellen Gegebenheiten. Freude am Lernen und engagiertes Auseinandersetzen mit der Welt durch Aufrechterhaltung der natürlich mitgegebenen Neugier, sowie die Stärkung der Motivation zur Bewältigung von Herausforderungen sind unverzichtbare Voraussetzungen für den lebenslangen Lernprozess. Dafür benötigen Kinder Möglichkeiten und Anregungen, ihre eigenen Interessen zu finden, ihre Themen zu entwickeln und zu reflektieren, um so das Lernen zu lernen."
(Konzept-e, element-i Konzept für Kinderhäuser, 2010, S. 9)

Der Auszug aus dem Konzept element-i ist ein Beispiel dafür, dem pädagogischen Arbeiten ein handlungsleitendes Ziel voranzustellen.

- Wählen Sie gemeinsam mit Ihrer Praxisanleitung einen Aspekt aus dem Leitbild Ihrer Einrichtung aus, den Sie beide für einen gewissen Zeitraum zum Mittelpunkt Ihres kooperativen pädagogischen Handelns machen wollen. Planen Sie hierzu konkrete Vorgehensweisen und vereinbaren Sie Reflexionsgespräche in kurzen Abständen. Tauschen Sie aus, welche Effekte Sie durch die Kooperation erleben. Was lohnt sich, beizubehalten? Was kann optimiert werden?

- Stellen Sie dem Team Ihre Erfahrung vor und erkundigen Sie sich, welche Kollegin die Kooperation unterstützen möchte. Fragen Sie im Team nach Kooperationsmöglichkeiten, denen Sie sich anschließen können (z. B. bezüglich anderer Leitbild-Aspekte oder Hausaufgabenbetreuung, Ferienfreizeit-Gestaltung etc.).

6.2.2 Teamsitzung und Dienstgespräch

Vertrauen Sie auf Ihren bisherigen Erfahrungsschatz und auf die Wertschätzung Ihrer Kolleginnen. Dann sind es nur noch **5 Schritte zu einer aktiven Teilnahme** an der Teamsitzung/am Dienstgespräch

1. **Sich vorbereiten:** Welche Anliegen habe ich? (z. B. Inhalt aus dem letzten Begleitunterricht vorstellen, Einblick in die Kooperation mit meiner Praxisanleitung geben; ein Thema anregen, etwa „Mein Körper gehört mir" ...).
   Welche Anliegen haben meine Kolleginnen? Was könnte ich dazu einbringen? (Erfahrungen, Ideen, Kooperationsangebot, Literatur ...). Machen Sie sich Notizen.
   Tipp: Anliegen werden rechtzeitig auf Kärtchen geschrieben und im Teamzimmer an einer Magnetwand gesammelt

2. **Sich einbringen:** Stellen Sie Ihre vorbereiteten Inhalte vor. Äußern Sie sich zu den Anliegen Ihrer Kolleginnen und beziehen Sie damit Position. Äußerungen wie „Ich empfinde das auch so ..." oder „Aus meiner Sicht war das anders ..." lässt Ihre Kolleginnen erkennen, wer Sie sind und wo Sie stehen. Das ist ein notwendiger Teil Ihrer Profilbildung.
   Tipp: Die Teammoderatorin (günstig ist das Rotationsprinzip) achtet auf Kommunikationsprinzipien und darauf, dass „laute" Kolleginnen die „leisen" nicht übertönen. Eine Zeitwächterin macht auf die Überschreitung vorher vereinbarter Zeitschranken aufmerksam.

3. **Sich entscheiden:** Tragen Sie Entscheidungen Ihrer Überzeugung entsprechend mit. Üben Sie Stimmenthaltung nur dann, wenn Ihnen Informationen fehlen. Übernehmen Sie Aufgaben entsprechend Ihrer Fähigkeiten und Interessen (z. B. für ein gemeinsam zu planendes Fest). Lassen Sie sich nicht mit der Begründung „Mir ist alles recht …" der Einfachheit halber einteilen.
4. **Sich verantwortlich zeigen:** Übernehmen Sie nach dem Rotationsprinzip die Aufgaben moderieren, protokollieren, Zeitwächterin sein etc. Tragen Sie zur Teamentwicklung bei, indem Sie konstruktive Kritik äußern und annehmen. Wählen und definieren Sie Ihre Zuständigkeiten klar. Seien Sie selbstverantwortlich und teilen Sie mit, wenn Sie sich überfordert fühlen.
5. **Sich als verbindlich erweisen:** Handeln Sie im Sinne Ihrer Entscheidungen und erledigen Sie verlässlich Ihre Aufgaben und Zuständigkeiten. Sprechen Sie Kolleginnen darauf an, wenn Sie deren Verbindlichkeit vermissen („Wir hatten doch vereinbart, dass …").

Als EiA aktiv an der Teamsitzung teilnehmen

Orientieren Sie sich für die nächste Teamsitzung/das nächste Dienstgespräch an den 5 Schritten zur aktiven Teilnahme.

Reflektieren Sie nach der Teamsitzung/dem Dienstgespräch mit der Praxisanleitung über den Grad Ihrer Aktivität und entwickeln Sie Möglichkeiten zur Steigerung der aktiven Teilnahme.

6.2.3 Das eigene Profil entwerfen

In dieser Ausbildungsphase haben Sie die Möglichkeit, sich in vielen Handlungsbereichen einzuarbeiten und zu erproben. Über die kontinuierliche Reflexion Ihrer Erfahrungen klären Sie, an welchem Punkt im Professionalisierungsprozess Sie angekommen sind: In welchen Situationen Ihre Handlungssicherheit bereits stabil ist und welche Herausforderungen Sie als problematisch oder belastend erleben. Dies ist der Ausgangspunkt, um die Entwicklung des eigenen Profils zu betrachten.

Sich behaupten im Spannungsfeld „Schule – Praxis"

- Klären Sie **schulische Anforderungen** mit der Betreuungslehrkraft und informieren Sie Ihre Praxisanleitung zeitnah und umfassend. Entwickeln Sie selbst Vorstellungen für Unterstützungsmaßnahmen, die Ihnen die Bewältigung dieser Anforderungen erleichtern.

- Klären Sie **Anforderungen der Praxis** mit Ihrer Praxisanleitung (siehe 3.2.2) und Ihren Kolleginnen. Bringen Sie auch hier eigene Vorstellungen für Unterstützungsmaßnahmen ein.

- Sprechen Sie mit Ihrer Betreuungslehrkraft und Praxisanleitung darüber, falls sich Anforderungen widersprechen oder aus Ihrer Sicht zu (wenig) anspruchsvoll sind.

- Stellen Sie sich täglich die Frage, ob Ihr Handeln mit Ihrer inneren Überzeugung übereinstimmt. Sollte dies nicht der Fall sein, überprüfen Sie mögliche Ursachen: Wollen Sie *gefallen*, sich lieber anpassen anstatt Kritik zu riskieren? Fühlen Sie sich unsicher, beobachtet, manipuliert …? Hier lohnt es sich, erneut die Reflexionen aus Kapitel 2.2 anzuwenden.

Das Erleben und Gestalten zwischenmenschlicher (auch beruflicher) Beziehungen sind der „Stoff", aus dem Probleme, Beschwerden und Gesundheitsstörungen entstehen. Menschen entwickeln durch die Gestaltungsformen aller bisherigen Beziehungserfahrungen ein *inneres Wissen*, nach dem sie ihr Verhalten ausrichten – dazu gehören auch Gefühle und Kommunikationsverhalten (vgl. Bauer, 2009, S. 213 f.). Wenn Sie spüren, dass Sie nicht **Sie selbst sein können**, gehen Sie diesem Gefühl im Sinne guter *Selbstsorge* nach.

Das „Hab-du-erst-mal-so-viel-Erfahrung-wie-ich!"-Problem
Ein Problem, das Generationen von EiA kennen und auf der fehlenden Gleichwürdigkeit in der Begegnung beruht. Sie wollen gleichwürdig behandelt werden? Ganz einfach: Verhalten Sie sich respektvoll anderen gegenüber, kommunizieren und handeln Sie im „Erwachsenen-Ich" (siehe Transaktionsanalyse, S. 20 ff.), argumentieren Sie freundlich, aber fachlich und geben Sie Ihrem Gegenüber die Chance, die Konturen Ihrer Persönlichkeit zu erfahren.

6.3 Zusammenarbeit mit Eltern/Kooperationspartnern

Eltern sind Kunden und Erziehungs-/Bildungspartner

Sozialpädagogische Betreuungseinrichtungen gehen von den Lebenssituationen der Kinder/Jugendlichen und deren Familien aus. Individuelle Bedarfe werden immer wieder erfragt und in der pädagogischen Arbeit berücksichtigt. Als EiA intensivieren Sie den Kontakt zu Eltern zunehmend und gestalten die Erziehungs-/Bildungspartnerschaft mit.

Nehmen Sie sich Zeit für eine Bestandsaufnahme: Wie viele Eltern kennen Sie bereits persönlich? Zu welchen Eltern möchten Sie gern (intensiveren) Kontakt aufnehmen? Mit welchen Müttern/Vätern haben Sie schon informierende Gespräche geführt? Welchen Müttern/Vätern gegenüber haben Sie Berührungsängste?

Besprechen Sie das Ergebnis der Bestandsaufnahme mit Ihrer Praxisanleitung und entwickeln Sie gemeinsam Ziele zur Stärkung Ihrer Position in der Erziehungs-/Bildungspartnerschaft.

6.3.1 Elterninformation und Elternbildung

Die oben aufgezeigten pädagogischen Handlungsanlässe im Bildungshaus bieten für Elterninformation und Elternbildung einen guten Fundus. Hier einige Vorschläge, wie Sie diesen Arbeitsschwerpunkt kennen und bewältigen lernen:

- Stellen Sie einen (Funktions-)Raum vor: Warum gibt es diesen Raum? Was tun Kinder dort am liebsten? Welche Bildungsmöglichkeiten bieten die Materialien? Welche Bildungsbereiche werden durch Impulse der Erzieherinnen angeregt? Welche Regeln haben die Kinder aktuell für diesen Raum entwickelt? Was bedeutet kindliche Selbstbildung?

- Dokumentieren Sie eine (pädagogische) Aktion: Überlegen Sie gemeinsam mit Kindern, welche Geschehnisse im Bildungshaus für Eltern sichtbar werden sollen. Lassen Sie die Kinder entscheiden, welche Aufgaben sie dabei übernehmen wollen – Fotos machen, Texte entwerfen, Plakate gestalten, Produkte ausstellen, Interviews führen etc.

- Verfassen Sie eine Bildungsdokumentation/Lerngeschichte (siehe 6.1.4).

- Erläutern Sie in einem Aushang die Bedeutung eines Fachbegriffes: Was verstehen wir unter „Autonomie?" Warum gibt es bei uns „Partizipation"? Was sind „personale/emotionale/kognitive/soziale/körperbezogene Kompetenzen" und wie kann man diese unterstützen?

Elterninformation und Elternbildung liegen nah beieinander. Sie sollen nicht belehren sondern **Interesse wecken, Verständnis erweitern** und **Kompetenzen stärken**. Um dies zu erreichen, müssen Sie den Blickwinkel über Ihre Einrichtung hinaus erweitern:

- Was prägt Eltern in ihrem Leben?
- Worauf würden Eltern nur ungern verzichten?
- Mit welchen gesellschaftlichen und kulturellen Fragen beschäftigen sich Eltern?
- Was und wie lernen Eltern mit ihren Kindern? Worüber freuen sie sich? Was macht ihnen Spaß?

(vgl. Kobelt-Neuhaus, 2010, S. 33)

- Finden Sie gemeinsam mit Ihrem Team Antworten zu den oben genannten Fragestellungen, indem Sie Dialoge mit Eltern interessiert und vertrauensvoll führen. Orientieren Sie sich daraufhin bei der Mitgestaltung von Elterngesprächen, aber auch bei der Vorbereitung von Elternabenden stärker am Wissen über die individuellen Interessen/Problemlagen der Eltern.

- Gestalten Sie den Dialog mit Eltern anderer Herkunftsländer durch ein Sprachcafé oder das Angebot von interessengestützten Arbeitskreisen.

6.3.2 Elterngespräche Teil I

Die Gespräche mit Eltern dienen der gegenseitigen Information und dem Austausch von Anliegen. Sie sind unerlässlich, um die Lebenssituation von Familien und die Entwicklungsbedingungen von Kindern/Jugendlichen zu erfassen. Durch Elterngespräche schaffen Erziehungsberechtigte und Fachkräfte die Grundlage einer Erziehungs- und Bildungspartnerschaft zum Wohle des Kindes/Jugendlichen.

- Bereiten Sie sich frühzeitig auf den Anforderungsbereich *Elterngespräch* vor: Erproben Sie Ihr **Frage- und Antwortverhalten** sowie Ihre **Fähigkeit zum aktiven Zuhören** bzw. **Paraphrasieren**, z. B. in Gesprächen mit Kindern bzw. Kolleginnen.

„Paraphrasieren und aktiv Zuhören unterscheiden sich darin, dass beim aktiven Zuhören die hinter eine Aussage liegenden Gefühle versprachlicht werden, während beim Paraphrasieren nur inhaltlich wiedergegeben wird, was der andere gesagt hat.
Erzieherin: Sie wollten gern einmal in Ruhe mit mir sprechen und haben gestern schon angedeutet, dass es um Thomas geht.
Mutter: Thomas hat sich so verändert, seit Oliver auf der Welt ist. Er ist so aggressiv und man muss Angst haben, ihn mit dem Baby allein zu lassen.
Erzieherin: Sie sind im Augenblick ratlos, was mit Thomas los ist. (Aktives Zuhören)
Mutter: Ja, ich denke, dass er sich wegen seines kleinen Bruders zurückgesetzt fühlt und deshalb so aggressiv ist.
Erzieherin: Sie denken, dass Thomas sich zurückgesetzt fühlt und deshalb so aggressiv ist. (Paraphrasieren)
Mutter: Ja, genau. Ich kümmere mich schon so oft es nur geht um ihn, aber das Baby fordert seine Rechte.

Erzieherin: Das klingt so, als würden Sie sich zwischen beiden Kindern hin und her gezogen fühlen. (Aktives Zuhören)"
(Bröder, Gesprächsführung, 2004, S. 58 f.)

- Lassen Sie sich von Ihren Gesprächspartnerinnen Feedback geben.

Das Entwicklungsgespräch

Ein Entwicklungsgespräch hat klare Strukturen und kann gezielt vorbereitet werden. Für die EiA ist es – neben dem Aufnahmegespräch – ein guter Einstieg in die Gesprächsführung.

Vorbereitung:

- Was kann ich über das Kind mitteilen? Welche Entwicklungsbereiche betrifft das? Anhand welcher Situationen und Beispiele kann ich Entwicklungsschritte gut verdeutlichen?
- Was könnte die Eltern noch interessieren?
- Was möchte ich gern von den Eltern wissen?
- Welche Gesprächssituation wünsche ich mir (Raum, Zeit, Atmosphäre, persönliches Auftreten)?

- Bereiten Sie ein Entwicklungsgespräch über ein Bezugskind vor.

Tauschen Sie sich dazu mit Ihrer Praxisanleitung aus. Begründen Sie Ihre Sichtweisen/Wahrnehmungen und sprechen Sie miteinander ab, welche Anteile Sie bzw. Ihre Praxisanleitung im Gespräch mit den Eltern übernehmen wollen.

- Gestalten Sie den Gesprächsraum, indem Sie eine angenehme Atmosphäre schaffen. Legen Sie geeignete Dokumentationen bereit (Lerngeschichte, Fotos, Videoaufnahme, eigene Notizen).
- Führen Sie das Gespräch mit Unterstützung Ihrer Praxisanleitung oder einer Kollegin.

Gesprächseinstieg:

- Begrüßung, „Türöffner" („Schön, dass wir uns heute sehen um über Lina zu sprechen.").
- Stellen Sie den geplanten Gesprächsverlaufs kurz vor. Fragen Sie nach, ob der geplante Verlauf für die Eltern in Ordnung ist, und welche Anliegen von deren Seite bestehen.
- Nehmen Sie die Anliegen der Eltern auf, und legen Sie eine grobe Zeitstruktur fest.

Beginnen Sie mit der Darstellung Ihrer Wahrnehmungen zum Bezugskind. Stellen Sie auf erzählende Weise dar, was Sie in den letzten Wochen beobachtet, miterlebt, in Dialogen erfahren haben. Fragen Sie immer wieder nach, ob die Eltern durch Ihre Worte ein klares Bild von den Geschehnissen bekommen. Geben Sie den Eltern die Möglichkeit, sich als Experten einzubringen.

Austausch von Erfahrungen und Sichtweisen:

- Formulieren Sie eigene Wahrnehmungen wertschätzend und als Ich-Botschaften (persönliche Sichtweisen sind keine allgemeinen Wahrheiten). Sprechen Sie keine Deutungen aus, nutzen Sie vielmehr Hypothesen und holen Sie die Sicht der Eltern dazu ein: „Wie sehen Sie das?", „Was meinen Sie dazu?"
- Stellen Sie Entwicklungsberichte/Lerngeschichten vor und betonen Sie die Stärken bzw. Ressourcen des Kindes. Schildern Sie Beispiele und Situationen, die Veränderungen oder Stabilisierungen belegen. Formulieren Sie offene Fragen: „Wir finden interessant, dass …, wissen aber nicht, ob … ." Sprechen Sie Eltern als Ratgeber an: „Können Sie sich vorstellen, warum …?"

Wenn Sie Eltern das Gefühl geben, gut informiert *und* einbezogen zu werden, haben Sie eine solide Voraussetzung geschaffen, um gemeinsam über künftige Inhalte Ihrer Erziehungs-/Bildungspartnerschaft zu beraten.

Austausch über gemeinsame Unterstützungsmöglichkeiten:

- Verständigen Sie sich darüber, welche die nächsten Entwicklungsschritte sind.
- Stellen Sie vor, was die Einrichtung zur Unterstützung der Entwicklung beitragen kann.
- Erfragen Sie, was die Eltern/erweiterte Familie zur Unterstützung beitragen kann.
- Klären Sie, worin sich Einrichtung und Familie gegenseitig unterstützen können.

Lassen Sie den Erfolg Ihres Gespräches nicht verpuffen – geben Sie zum Abschluss wieder, was Sie als Fazit des Austausches festhalten.

Gesprächsabschluss:

- Formulieren Sie eine Zusammenfassung über die getroffenen Vereinbarungen.
- Versichern Sie sich des gemeinsamen Verständnisses bezüglich der Vereinbarungen.
- Treffen Sie eventuell zeitliche Abkommen.

Elterngespräch – der Türöffner zur Bildungspartnerschaft

- Geben Sie einen positiven Ausblick, bedanken Sie sich für die Kooperation und verabschieden Sie die Eltern.

Reflektieren Sie nach der Durchführung des Elterngesprächs Ihre Erfahrungen möglichst zeitnah mit Ihrer Praxisanleitung.

- Wenn anlässlich des Gespräches Kooperationspartner hinzuzuziehen sind (Frühförderstelle, Lehrerin etc.) übernehmen Sie auch hier Anteile der professionellen Zusammenarbeit.

Das Hilfeplangespräch

In Einrichtungen der Erziehungshilfe dient die konstruktive Zusammenarbeit zwischen allen Beteiligten der Entlastung der Eltern und der Unterstützung der Kinder/Jugendlichen. Aufgrund oftmals problembelasteter Situationen sind die Bedingungen für ein gelingendes Hilfeplangespräch sensibel zu erfassen. Ausgangspunkt ist ein individueller Erziehungsplan:

Besprechen Sie den Erziehungsplan eines Kindes/Jugendlichen mit Ihrer Praxisanleitung.

- Bereiten Sie ein Hilfeplangespräch vor, das die prinzipiellen Gesprächstechniken eines Elterngespräches berücksichtigt (siehe oben). Holen Sie sich außerdem Informationen zu folgenden Fragen ein:

    - Wie ist die emotionale, motivationale, körperliche Befindlichkeit des Kindes/Jugendlichen?
    - Welche Vorstellungen hat das Kind/der Jugendliche bezüglich der Veränderung seiner Situation?
    - Auf welche Fähigkeiten/Ressourcen kann zurückgegriffen werden?
    - Welche Fähigkeiten/Ressourcen bringen die Eltern mit?
    - Welches erweiterte System umgibt die Familie? Wo können hier Ressourcen abgerufen werden?
    - Mit welchen Schwierigkeiten ist zu rechnen?
    - Welche Zielsetzungen sind für welchen Zeitraum realistisch?

- Ziehen Sie in Betracht, dass sowohl das Kind/der Jugendliche als auch die Eltern Schuld- und Schamgefühle haben können. Mit welchen (non-)verbalen Verhaltensweisen rechnen Sie? Wie werden Sie kompetent darauf reagieren? Vereinbaren Sie mit Ihrer Praxisanleitung, welche Phasen des Hilfeplangespräches Sie aktiv mitgestalten und wie Sie sich gezielt darauf vorbereiten können.

Reflektieren Sie nach der Durchführung des Hilfeplangesprächs Ihre Erfahrungen möglichst zeitnah mit Ihrer Praxisanleitung.

- Wenn anlässlich des Gespräches Kooperationspartner hinzuzuziehen sind (Lehrerin, Jugendanwaltschaft etc.) übernehmen Sie auch hier Anteile der professionellen Zusammenarbeit.

Transaktionsanalyse: Welches ICH agiert?

Die erfolgreiche Zusammenarbeit mit Eltern/Kooperationspartnern erfordert nicht nur fachliche Sicherheit sondern auch eine hohe persönliche Integrität.

Nehmen Sie sich Zeit und reflektieren Sie Ihr persönliches Auftreten bzw. Ihr Kommunikationsverhalten in der Begegnung mit Eltern, Lehrern, Jugendamtmitarbeitern etc. Nutzen Sie dabei die Darstellung der ICH-Ebenen in der Transaktionsanalyse (siehe Kap. 2.2.2): In welchen Ich-Zuständen agieren Sie? Stellen Sie im Anleitungsgespräch Ihre Reflexionsergebnisse vor und entwickeln Sie die nächsten Professionalisierungsschritte.

7 Praxisanleitung

In dieser Ausbildungsphase erweitern sich die Aufgaben der EiA und mit ihnen Ihre Möglichkeiten der Beratung und Betreuung. Ausgewählte Schwerpunkte der Einarbeitung und Erprobung werden in den Abschnitten unter *6.1 Sozialpädagogische Arbeit mit Kindern und Jugendlichen, 6.2 Arbeit im Team* und *6.3 Zusammenarbeit mit Eltern/Kooperationspartnern* vorgestellt. Hieraus können Sie gemeinsam mit der EiA und unter Rücksprache mit dem Team auswählen, welche Bereiche sich in Ihrer Einrichtung eignen, um pädagogische Selbsterfahrung zu sammeln. Themen für gemeinsame Reflexionen bzw. Anleitungsgespräche sind bei allen vorgeschlagenen Schwerpunkten berücksichtigt.

7.1 Qualität von Anleitung

Erinnern Sie sich an die Zeit, in der Sie Erzieherin im Anerkennungsjahr waren und legen Sie die fördernden und hemmenden Aspekte der erfahrenen Praxisanleitung offen.

Meine eigenen Erfahrungen als EiA

Praxisanleitung erlebte ich förderlich, wenn	Praxisanleitung erlebte ich hemmend, wenn
• …	• …
• …	• …

Wenn Sie sich wesentliche Aspekte selbst erlebter Praxisanleitung bewusst machen, können Sie *negative Wiederholungen* leicht vermeiden.

Verantworten und vertrauen – fordern und unterstützen – beraten und gleichwürdigen

Wir sind in unserem Alltag einer Vielzahl an Polaritäten ausgesetzt und stetig darum bemüht, eine wohltuende Ausgewogenheit herzustellen. Eine Balance lässt sich erreichen, wenn wir in bewusst gesteuerten *Pendelbewegungen* die Erfahrungsextreme ausgleichen: Tag – Nacht, Hitze – Kälte, Freude – Schmerz, Arbeit – Freizeit, Anspannung – Entspannung usw. Ihre Aufgaben in der Praxisanleitung sind ebenfalls zwischen Polaritäten angesiedelt und eröffnen damit ein selbst zu gestaltendes Aktionsfeld. Auch hier braucht es viel Aufmerksamkeit, um eine gute Ausgewogenheit zu verwirklichen. Klären Sie zunächst für sich selbst folgende polarisierende Handlungsanforderungen:

Polarisierende Handlungsanforderungen in der Anleitung der EiA	
Wofür trage ich **Verantwortung**: Was möchte ich in der Hand behalten? • … • …	Woraus schöpft sich mein **Vertrauen**: Was kann ich loslassen? • … • …
Was erkenne ich als **Forderung** an meine EiA an und wie klar vermittle ich diese? • … • …	Zu welchen Formen der **Unterstützung** bin ich bereit und wie bringe ich diese empathisch ein? • … • …
Wie gestalte ich die Rolle der erfahrenen Kollegin und wie mündet das in **Beratung**? • … • …	Wie gestalte ich das Arbeitsverhältnis im Hinblick auf **Gleichwürdigkeit**? • … • …

Stellen Sie der EiA diese Überlegungen während eines Reflexionsgespräches vor, und sorgen Sie damit für Transparenz in Ihrem Anleitungsverhältnis. Lassen sie sich Rückmeldung darüber geben, wie die EiA die Ausgewogenheit Ihrer Bemühungen erlebt.

Leitfaden für Reflexionsgespräche

Reflexionsgespräche sind ein sehr wichtiges Instrument innerhalb des Aufgabenbereiches von Praxisanleitung. Sie dienen der Klärung von Aufgaben, der Spiegelung von Handlungsweisen, der Beratung in Bezug auf sämtliche praxisbezogene Anforderungen und der Gestaltung des Anleitungsverhältnisses. Damit solche Gespräche förderlich sind und den Ausbildungserfolg der EiA unterstützen, sollte eine Gesprächsstruktur entwickelt werden, die beiden Seiten ein gutes Gefühl gibt.
Einen Leitfaden für Reflexionsgespräche finden Sie im BuchPlusWeb-Material, S. 9f.

7.2 Teamarbeit: Transparenz geht über alles!

Ein Team setzt sich aus Persönlichkeiten zusammen, deren biografische Erlebnisse, fachlichen Kenntnisse und praktischen Erfahrungen stark voneinander abweichen können. Diese Individuen sollen gemeinsame Ziele entwickeln, die den Ansprüchen pädagogischer und gesellschaftlicher Aufgaben in der Betreuung von Kindern/Jugendlichen gerecht werden. Da im Zuge rasanter gesellschaftlicher Veränderungen die Komplexität dieser Aufgaben enorm steigt, wird die *Selbst-Reflexion der professionellen Persönlichkeit* hierbei mehr denn je zur kontinuierlichen Anforderung.

Für die EiA ist es sehr wichtig zu erfahren, welche Position sie im Team einnimmt. Zugleich ist es unerlässlich ihr zu spiegeln, welche Professionalisierungsschritte sie noch gehen muss, um ein aktives, selbstverantwortliches Team-Mitglied zu werden.

Um die Transparenz persönlicher und teaminterner Prozesse zu gewährleisten ist es hilfreich, wenn sich die Team-Mitglieder von Zeit zu Zeit mit den unten aufgeführten Kompetenzbereichen befassen und damit ihrer *Selbst-Reflexion* nachkommen.

Persönliche Kompetenzen	Soziale Kompetenzen	Sachliche Kompetenzen
• Eigene Bedürfnisse und Interessen einbringen • Für neue Situationen und ungewohnte Anforderungen offen sein • Eigene Unsicherheiten akzeptieren und deren Abbau anstreben • Vor-Urteile herausfiltern und ablegen • *Stabilität* und *Starrheit* der eigenen Haltung überprüfen • Projektionen (*was ich einer anderen Person zuschreibe, an mir selbst aber nicht sehen kann*) erkennen und auflösen	• Vielseitige soziale Kontakte (mit Kindern, Jugendlichen, Erwachsenen, Kolleginnen) gestalten und sich dabei selbst beobachten • Gefühle, Bedürfnisse, Interessen anderer wahrnehmen und wertschätzen • Die Prinzipien der Beziehungsgestaltung berücksichtigen (siehe 3.1.1) • Eine Balance zwischen Kompromiss und Konsequenz finden • Konflikte erkennen und aktiv zu deren Aufklärung beitragen	• Eigene Fähigkeiten/ Stärken kennen und erweitern • Situationen wahrnehmen, verstehen, handelnd gestalten und rückblickend reflektieren • Methoden der pädagogischen Praxis kennen und sinnvoll einsetzen • Durch Fort-, Weiter- und Zusatzausbildungen die eigene Professionalität ausbauen

- Unterstützen Sie die EiA bei ihrer Selbst-Reflexion und sprechen Sie mit ihr über deren Rolle im Team.
- Stellen Sie sich als Team die Frage: „Wie transparent ist unsere Teamarbeit – für Mitarbeiterinnen, Kinder, Eltern, Träger?"
- Bitten Sie die EiA, sich in die Reflexion einzubringen und konstruktive Rückmeldungen zu geben bzw. anzunehmen.

Eine Vorlage zur Prüfung der Transparenz von Teamarbeit finden Sie im BuchPlusWeb-Material, S. 11.

8 Betreuungslehrkraft

8.1 Unterrichtsinhalte/Netzwerkarbeit/Praxisbesuch

Die EiA Ihrer Lerngruppe finden in ihren Ausbildungs-Praxisstellen unterschiedliche fachliche Schwerpunkte und Rahmenbedingungen vor. In der Einarbeitungs- und Erprobungsphase geht es darum, sich mit diesen Schwerpunkten und Bedingungen verstärkt auseinander zu setzen. Als gemeinsamen Nenner thematisiert der Buchabschnitt 6.1 die partizipatorische Beteiligung von Kindern und Jugendlichen in sozialpädagogischen Einrichtungen. Hierzu können Sie im Begleitunterricht wichtige Anregungen geben bzw. die Co-Beratung der EiA unterstützen.
Zugleich eignet sich das Thema „Sozialpädagogische Einrichtungen als Bildungshäuser" für gemeinsame Hospitationen in ausgewählten Einrichtungen.

Inklusion und Demokratielernen

„Angesichts der grundlegenden Bedeutung der Partizipation für den Mitgliedschaftsstatus von Kindern und Jugendlichen in der Gesellschaft plädiert das BJK dafür, Partizipation als konstitutiven Bestandteil aller Maßnahmen, Programme, und Institutionen für Kinder und Jugendliche zu betrachten. Alle Einrichtungen und Dienste für Kinder und Jugendliche sollten erweiterte Partizipationschancen einräumen. Partizipationsangebote und –verfahren sollten so ausgestaltet werden, dass alle Kinder und Jugendliche unabhängig von Geschlecht, ethnischer Zugehörigkeit, schulischem Bildungsniveau, sozialer Herkunft und Wohnort durch diese Partizipationsangebote erreicht werden können."

(Bundesjugendkuratorium/DJI, Partizipation von Kindern, 2009, S. 12)

Regen Sie die EiA dazu an,

- **Strukturen und Methoden** inklusiver Ansätze in den Ausbildungs-Praxisstellen zu ergründen.

- die Bedeutung von Partizipation als **Grundform des Demokratielernens** zu thematisieren. Als Dreischritt:
    1. gemeinsam einen Kurzvortag im Begleitunterricht vorbereiten
    2. Vortrag auf der Teamsitzung halten und zur Diskussion stellen
    3. im nächsten Begleitunterricht von der Team-Dikussion berichten
- eigene **Erfahrungen** mit der Partizipation von Kindern/Jugendlichen zu sammeln: Beteiligungsmodelle entwickeln und in Absprache mit dem Team umsetzen.
- die **Effekte** von Inklusion bzw. Partizipation erfassen und dokumentieren.

→ *Fachliteratur: Index für Inklusion, unter: http://www.inklusionspaedagogik.de/content/blogcategory/19/58lang,de/; Bruner/Winklhofer/Zinser, 2001; Betz/Gaiser/Pluto, 2010; Bundesjugendkuratorium/DJI, 2009.*

Bildungs- und Orientierungspläne als pädagogische Referenzrahmen

Die pädagogische Arbeit in den sozialpädagogischen Betreuungseinrichtungen ist mit dem Erscheinen der Bildungspläne qualitativ aufgewertet worden. Selbst für Nicht-Pädagoginnen lässt sich seitdem ermessen, was Fachkräfte in der Betreuung und Bildung von Kindern/Jugendlichen leisten (müssen). Seitdem gibt es aber auch kontroverse Diskussionen über die Möglichkeiten der Umsetzung innerhalb etablierter und oft unzureichender finanzieller und personeller Rahmenbedingungen.

- Geben Sie den EiA die Gelegenheit, den Bildungsplan ihres Bundeslandes unter verschiedenen Fragestellungen zu erkunden, z. B.:
    - Inwiefern dient der Bildungsplan der Strukturierung pädagogischen Handelns?
    - Wie kann der Bildungsplan Qualitätsentwicklung unterstützen?
    - Welche Effekte bewirkte der Bildungsplan in den Ausbildungs-Praxisstellen?
    - Was erfahren Eltern/Kooperationspartner über den Bildungsplan und die mit ihm einhergegangenen Veränderungen?

Gestaltung der pädagogischen Arbeit: Erfolgreiche Praxisbeispiele

Die Einarbeitung und Erprobung in die sozialpädagogischen Arbeitsfelder kann sehr vielseitig über den Fokus „Unsere Einrichtung ist ein Bildungshaus" gelingen. Hierzu werden im Arbeitsteil für die EiA zahlreiche Einstiegsmöglichkeiten vorgestellt (siehe 6.1), die sich von der Sichtung gegebener Räumlichkeiten über die Beobachtung von Situationen bis hin zur Dokumentation von Bildungsprozessen erstrecken. Für den Begleitunterricht ergeben sich daraus sehr interessante Gestaltungs- und Qualifikationsmöglichkeiten:

- Lassen Sie die EiA ihre **Ausbildungs-Praxisstelle als „Bildungshaus"** vorstellen. Die Lerngruppe kann benennen, inwiefern die Vorstellung einer fremden Einrichtung inspirierend wirkt bzw. die Wahrnehmung in Bezug auf die eigene Ausbildungs-Praxisstelle schärft.
- Entwickeln Sie gemeinsam – jeweils in Abstimmung mit den pädagogischen Besonderheiten der Ausbildungs-Praxisstelle – **Aufträge zur Einarbeitung und Erprobung**. Diese Aufträge sind mit der Praxisanleitung daraufhin zu überprüfen, ob sie mit den

aktuellen Gegebenheiten/Anforderungen der Praxis übereinstimmen oder möglicherweise kollidieren. (Online-Hilfen für die gemeinsame Entwicklung von Aufträgen: *http://www.handbuch-kindheit.uni-bremen.de/index.html*; sehr lesenswerte Zeitschriftenartikel unter *www.balance-paedagogik.de/*)

- Verfolgen Sie den **Prozess der Auftragsumsetzung** im Begleitunterricht.

- Thematisieren Sie die Bedeutung von **Projektarbeit** für das ganzheitliche Lernen. Lassen Sie die EiA recherchieren, ob in der Ausbildungs-Praxisstelle Projekt-Interessen wahrnehmbar sind und ob sie möglicherweise ein Projekt initiieren bzw. unterstützen können.

- Vergleichen Sie **Beobachtungsbögen, Beobachtungsformen, Beobachtungsstandards**, die in den unterschiedlichen Einrichtungen genutzt werden. Sprechen Sie über Erfahrungen bezüglich deren Anwendung und Nutzen. Welche pädagogischen Effekte resultieren aus Beobachtungen?

- Sammeln Sie Beispiele zu **Dokumentationsmethoden, Dokumentationsformen**. Erörtern Sie, für wen die Dokumentationen jeweils bestimmt sind und was sie für die Betroffenen bedeuten.

- Ziehen Sie für den Begleitunterricht regelmäßig auch eine „aktuelle Stunde" in Betracht, in der **Herausforderungen und Problemsituationen der EiA** vorgetragen und beraten werden. Dies trägt dem individuellen Professionalisierungsweg der EiA Rechnung und steht für eine anforderungsorientierte Ausbildung.

- Unterstützen Sie den Selbstbildungsprozess der EiA, indem Sie **Fachartikel und Fachliteratur** empfehlen bzw. einbringen.

8.2 Leistungsnachweis und Halbjahresreflexion

Es ist nicht leicht, den Professionalisierungsprozess der EiA anhand mündlicher Beiträge im Begleitunterricht oder im Gespräch beim Praxisbesuch umfassend nachzuvollziehen. Die von schulischer Seite hin und wieder geforderten Planungen und Durchführungen einer pädagogischen Aktion aus Anlass des Besuchs der Betreuungslehrkraft ergibt keine Übereinstimmung mit den in diesem Buch besprochenen Prinzipien. Als sinnvolle Alternative bietet sich in der Erprobungs- und Einarbeitungsphase eine schriftliche Dokumentation der pädagogischen Arbeit an, die aufschlussreiche Einblicke in die theoretischen und praktischen Kompetenzen der EiA gibt. In Anlehnung an „Qualität von Lernprozessen: Das Bildungshaus" (s. Kap. 6.1.2) eignet sich folgende Aufgabenstellung:

Leistungsnachweis: Dokumentation der pädagogischen Arbeit

Dokumentieren Sie Ihre pädagogische Handlungsweise anhand von 2–3 Beispielen aus dem Praxisalltag:
Zeigen Sie begründet auf, inwiefern
- räumliche/situative/personale Gegebenheiten in der Einrichtung,

- kindliche/jugendliche Entwicklungsthemen, Bildungsinteressen oder Erlebensweisen,
- Ihre eigene pädagogische Haltung

um Ausgangspunkt Ihrer pädagogischen Initiative wurden.

Legen Sie für die Dokumentation der Beispiele jeweils folgende Struktur zugrunde:

- **Wahrnehmung und Beobachtung:** Was fällt mir auf? Welche Personen sind betroffen/beteiligt?
- **Analyse:** Um welches „Thema" geht es? Warum mache ich mir dieses Thema zum Anliegen?
- **Fachtheorie:** Was weiß ich über die prinzipielle Bedeutung des Themas? Welche fachlichen Aussagen kann ich (zitierend) anführen?
- **Pädagogische Haltung:** Welche Haltung/welche praktischen Erfahrungen habe ich in Bezug auf das Thema?
- **Ziele:** Was möchte ich aufgreifen, unterstützen, verändern, neu einführen, erreichen? Welche Gründe habe ich dafür?
- **Planung:** Was will ich konkret unternehmen? Welche (kleinen) Schritte sollen mich zum Ziel führen?
- **Umsetzung:** Welche Handlungsschritte habe ich tatsächlich unternommen?
- **Fazit:** Wo bin ich angekommen? Welche Ziele habe ich (nicht) erreicht? Welche Effekte haben sich durch meine Initiative ergeben? Woran erkenne ich das?
- **Reflexion mit der Praxisanleitung:** Was ist mir gut gelungen? Was ist mir weniger gut gelungen? Worin besteht mein nächster Professionalisierungsschritt? Wer unterstützt mich dabei?

Halbjahresreflexion

Am Ende der Einarbeitungs- und Erprobungsphase dient die Betrachtung der bisherigen Professionalisierungsschritte der Klärung und Sicherung bisher erreichter Ziele. Die folgenden Fragestellungen beziehen sich auf Kapitel 2.2 und können von den EiA in Einzelarbeit beantwortet werden:

- Welche Professionalisierungsschritte habe ich seit Beginn des Anerkennungsjahres in Bezug auf meine
    - Humankompetenzen
    - Sozialkompetenzen
    - Sachkompetenzen

  vollzogen und worin zeigt sich das?
- Wie gut gelingt es mir, mein theoretisches Verständnis in pädagogisches Handeln umzusetzen?
- Was wirkte auf mich fördernd/hemmend während dieser Zeit?

- Welche Human-, Sozial- und Sachkompetenzen möchte ich zu **Beginn der Vertiefungs- und Verselbstständigungsphase** erwerben? Hierzu sollte der Ausbildungsplan herangezogen werden.
  - Wie sehen meine nächsten Schritte zur Realisierung dieser Kompetenzen aus?
  - Welche Rahmenbedingungen (personell, zeitlich, räumlich, materiell) brauche ich dafür?
  - Welche Personen will ich um Unterstützung bitten? Wie möchte ich mein Anliegen konkret formulieren?

Da die Reflexion viel Zeit in Anspruch nimmt, kann diese zuhause erfolgen und schriftlich fixiert werden. Austausch und Beratung zu den Reflexionsergebnissen erfolgen im Begleitunterricht.

2. Netzwerk-Fachtag: „Zur Organisation der Umsetzung von Bildungsplänen"

Auch für die zweite Ausbildungsphase empfiehlt sich ein Netzwerk-Treffen. Wie wichtig die Übereinkunft in der Sicht auf kindliche Bildungsprozesse ist, ergibt sich aus dem gemeinsamen Rahmen der Länder für die frühe Bildung in Kindertageseinrichtungen:

„Bildung und Erziehung werden als ein einheitliches, zeitlich sich erstreckendes Geschehen im sozialen Kontext betrachtet. Es umfasst die Aktivitäten des Kindes zur Weltaneignung ebenso wie den Umstand, dass diese grundsätzlich in konkreten sozialen Situationen erfolgen. Im Prozess der Weltaneignung und Sinnkonstruktion nehmen das Kind und sein soziales Umfeld wechselseitig aufeinander Einfluss, sie interagieren. Nach diesem Verständnis tragen die Bildung des Kindes unterstützende, erzieherische und betreuende Tätigkeiten gemeinsam zum kindlichen Bildungsprozess bei. Damit wird auch zum Ausdruck gebracht, dass die Länder im Zusammenhang ihrer Vorhaben zur Stärkung des Elementarbereichs besonderes Gewicht auf die Konkretisierung und qualifizierte Umsetzung des Bildungsauftrags legen.
Im Vordergrund der Bildungsbemühungen im Elementarbereich steht die Vermittlung grundlegender Kompetenzen und die Entwicklung und Stärkung persönlicher Ressourcen, die das Kind motivieren und darauf vorbereiten, künftige Lebens- und Lernaufgaben aufzugreifen und zu bewältigen, verantwortlich am gesellschaftlichen Leben teilzuhaben und ein Leben lang zu lernen."
(Ständige Konferenz der Kultusminister, Gemeinsamer Rahmen, 2004, S. 3)

Zur inhaltlichen und strukturellen Gestaltung des 2. Netzwerk-Fachtages finden Sie eine Vorlage im BuchPlusWeb-Material, S. 12 f.

Praxisbesuch: Leitfaden II

Der Praxisbesuch, den Sie in der Einarbeitungs- und Erprobungsphase durchführen, bietet Einblicke in bereits vollzogene Entwicklungen der EiA und zugleich die Chance, die nächsten Schritte auf dem Weg zur Professionalisierung herauszufiltern und zu vereinbaren.
Eine Vorlage zur Gestaltung des zweiten Praxisbesuches finden Sie im BuchPlusWeb-Material, S. 15.

D Gestalten Sie Ihr Profil: Vertiefungs- und Verselbstständigungsphase

9	Erzieherin im Anerkennungsjahr (EiA)
10	Praxisanleitung
11	Betreuungslehrkraft

9 Erzieherin im Anerkennungsjahr (EiA)

Sie haben während der letzten Monate Kontakte geknüpft, Beziehungen gestaltet, Entwicklungsverläufe beobachtet und dokumentiert, Selbstbildungsprozesse begleitet, eigene Ideen eingebracht, mit Kolleginnen, Eltern und anderen Netzwerkpartnern kooperiert. Diese individuellen Erfahrungen und Erkenntnisse haben Ihre Persönlichkeitsentwicklung geprägt und zu Ihrer pädagogischen Professionalisierung beigetragen. Wenn Sie heute in Ihrem pädagogischen Tagebuch zurück blättern stellen Sie fest, dass viele Unsicherheiten überwunden und zahlreiche Kompetenzen gestärkt sind. Vielleicht haben Sie die Anregung zur Beschriftung der Kieselsteine übernommen (siehe 3.2.2, Vorbereitung eines Anleitungsgespräches) und inzwischen eine beeindruckende „Kompetenzen-Sammlung" im Regal: Seien Sie stolz auf sich!

In der letzen Ausbildungsphase werden Sie bereits vorhandene Fertigkeiten vertiefen und pädagogische Anforderungen zunehmend selbstständig meistern. Mit dem Bestehen der Abschlussprüfung (Kolloquium) sind Sie dazu befähigt, als Erzieherin mit eigenem Profil verantwortlich tätig zu sein. Das folgende Kapitel ist darauf ausgerichtet, Ihnen für den Zeitraum bis zur staatlichen Anerkennung fördernde Impulse zu geben. Sorgen Sie weiterhin gut für sich selbst und gehen Sie aufrichtig mit Ihren Stärken und verbliebenen Unsicherheiten um. Den größten Anteil des „guten Gelingens" finden Sie in der eigenen Person.

9.1 Sozialpädagogische Arbeit mit Kindern und Jugendlichen

Die Vertrautheit in der Begegnung mit Kindern/Jugendlichen ermöglicht Ihnen mittlerweile differenziertere Zugänge zu deren Lebens- und Gefühlswelt. Sie übernehmen damit zugleich eine stärkere Verantwortung für die Gestaltung von Beziehungen sowie für die Begleitung von Entwicklungs- und Bildungsprozessen.

9.1.1 Bezugsperson und Bildungspartnerin sein

„Auf der elementarsten Ebene fördern Beziehungen Warmherzigkeit, Intimität, Wohlbehagen; sie vermitteln psychische und physische Sicherheit und schützen vor Krankheit und Verletzung; und sie erfüllen die Grundbedürfnisse nach Fürsorge und Schutz. Die ‚regulatorischen' Aspekte von Beziehung (beispielsweise der Schutz vor Über- oder Unterstimulierung) erleichtern es Kindern, konzentriert und aufmerksam zu lernen."
(Brazelton/Greenspan, Sieben Grundbedürfnisse, 2002, S. 32)

Die moderne Bindungstheorie unterscheidet vier Bindungstypen: die sichere, unsicher-vermeidende, unsicher-ambivalente und desorganisierte Bindung. Da Bindungserfahrungen grundlegende Bedeutung für den Entwicklungsverlauf und das Bildungsinteresse von Kindern bzw. Jugendlichen haben, sollten Erzieherinnen vor der Planung von Bildungsangeboten kindliche Bindungserfahrungen sensibel erfassen.

→ *Allgemeine Informationen zu den Bindungsformen finden Sie im Lehrbuch Erziehen, bilden und begleiten, S. 179 f.*

- Analysieren Sie das **Bindungsverhalten** bzw. die **Bindungserfahrungen** Ihres Bezugskindes. Nutzen Sie hierzu unterschiedliche Beobachtungsverfahren (siehe 6.1.4).
- Beobachten Sie ebenfalls folgende Verhaltensweisen:
    - Inwiefern exploriert das Kind selbsttätig? Über welchen Zeitraum hinweg tut es das?
    - Womit beschäftigt sich das Kind engagiert?
    - Worauf kann sich das Kind gut konzentrieren?
    - Worin zeigt sich, dass es auf vorangegangenen Lernerfahrungen aufbaut?

Reflektieren Sie Ihre Beobachtungen mit Ihrer Praxisanleitung. Ziehen Sie Schlussfolgerungen in Bezug auf die **Wechselwirkung von Bindungserfahrung und Bildungsinteresse.**

→ *Anwendungsbezogene Literatur: Jungmann/Reichenbach, 2011.*

Beziehung gestalten

Wichtig ist, dass Kinder/Jugendliche mindestens *eine* sichere Bindung erleben, um den Schutz und die Verlässlichkeit zu erfahren, die sie frei explorieren sowie zielorientiert lernen lassen. Möglicherweise ergibt sich aus Ihren Beobachtungen der Bedarf, ein Elterngespräch zu führen oder Formen von Elternbildung anzubieten. Hierzu finden Sie unter 9.3.1 entsprechende Anregungen.

Als **Bezugsperson** von Kindern/Jugendlichen sind Sie für eine professionelle Gestaltung der Beziehung verantwortlich. Gelingt es Ihnen, die Prinzipien der Beziehungsgestaltung im sozialpädagogischen Arbeitsfeld zu verwirklichen (siehe 3.1.1), schaffen Sie zugleich die beste Grundlage dafür, **Bildungspartnerin** zu sein.

Reflektieren Sie erneut Ihre **Kompetenzen zur Beziehungsgestaltung im sozialpädagogischen Arbeitsfeld** (siehe 3.1.1).

- Welche Prinzipien der Beziehungsgestaltung können Sie mittlerweile kompetent umsetzen? Woran erkennen sie das?
- Welche Prinzipien bereiten Ihnen im Umgang mit Menschen in Ihrem Arbeitsfeld noch Schwierigkeiten?
- Legen Sie eigenständig Ziele fest, die Sie der kompetenten Verwirklichung der Prinzipien näher bringen.

Lern- und Bildungsmöglichkeiten schaffen

Als Bildungspartnerin gestalten Sie ein möglichst **anregungsreiches Umfeld** für Kinder/Jugendliche: Sie stellen **Räume und Materialien** zur Verfügung, die Neugier erwecken und individuelle Interessen aufgreifen. **Abläufe und Zeitfenster** organisieren Sie unter Berücksichtigung von Bedürfnissen und individuellen Lerngeschwindigkeiten. Sie belehren nicht, sondern sind eine Vermittlerin der Welt, die Bildungsprozesse erkennt und unterstützt, aber nicht lenkt. „Ziel muss es vielmehr sein, die Bedingungen und den Rahmen zu ändern und nicht das Kind selbst." (Regel/Kühne, 2007, S. 47). **Ko-Konstruktion von Wirklichkeit** bedeutet schließlich, Kindern/Jugendlichen die **Ermächtigung über den eigenen Bildungsprozess** zuzugestehen und mit ihnen über die Bedeutung ihres Wissens zu reflektieren.

Schwarzlicht-Theater im Hort

Ko-Konstruktion von Wirklichkeit

- In der Krippe:
    - Gestalten Sie die Beziehung zu Ihrem Bezugskind (zu anderen Kindern natürlich auch) auf der Grundlage der oben genannten Prinzipien (siehe 3.1.1) und der Analyse seiner bisherigen Bindungserfahrungen.

„Durch gemeinsame ‚reziproke Interaktion' lernt das Baby, selbst die Initiative zu ergreifen: Es macht etwas und bewirkt, dass daraufhin etwas passiert. An diesem Punkt beginnt es auch zu lernen, zielgerichtet oder kausal zu denken. Selbstgefühl, eigener Wille, Zielgerichtetheit, Selbstbehauptung und die Anfänge des kausalen logischen Denkens – all dies ist in solche wunderbaren reziproken Interaktionen eingebettet."

(Brazelton/Greenspan, Die sieben Grundbedürfnisse, 2002, S. 38)

- Ermöglichen Sie „reziproke Interaktionen" zwischen Ihnen und Ihrem Bezugskind: Vermitteln Sie ihm Sicherheit, spiegeln Sie seine Emotionen, zeigen Sie Aufmerksamkeit sowie Interesse und kommunizieren Sie mit ihm. Entschlüsseln Sie einfühlig Signale und reagieren Sie darauf.

- Halten Sie die Ereignisse im Verlauf mehrerer **„reziproker Interaktionen"** schriftlich fest. Was fällt Ihnen allgemein auf? Was tut das Kind gern? Was versteht es offensichtlich? An welchem Thema/Problem scheint es zu arbeiten? Was versucht es zu vermeiden?

- Resümieren Sie schließlich, wie erfolgreich Sie die reziproken Interaktionen einschätzen.

Entwicklungsverläufe dokumentieren und mit dem Kind besprechen

- In der Kita/im Hort:

  - Gestalten Sie die Beziehung zu Ihrem Bezugskind (und zu anderen Kindern/Jugendlichen natürlich auch) auf der Grundlage der oben genannten Prinzipien (siehe 3.1.1) und der Analyse seiner bisherigen Bindungserfahrungen.

  - Beobachten Sie seine Lern- und Erprobungsstrategien.

  - Zeigen Sie Interesse an seinen Beschäftigungen, seien Sie aufmerksam, präsent, liebevoll und unterstützend. Gehen Sie in den Dialog mit ihm und stellen Sie mitunter auch *produktive Fragen* (s. Kap. 6.1.2, *„Wie man produktive Fragen stellt"*).

  - Bilden Sie Hypothesen zu seinen aktuellen Entwicklungs- und Bildungsthemen.

Selbstbildung fördern

- Geben Sie auf der Grundlage Ihrer Erkenntnisse und Vermutungen über die individuellen Entwicklungs- und Bildungsthemen Ihres Bezugskindes gezielte **Impulse** – etwa durch zusätzliche Materialien, Raumveränderung, Medienangebote, Gespräche etc. Schaffen Sie hierdurch neue Herausforderungen, „Möglichkeitsräume" und „Gelegenheitsstrukturen".
(vgl. Regel/Kühne, 2007, S. 32, 47)

- Entwickeln Sie (wenn möglich gemeinsam mit Ihrem Bezugskind bzw. anderen interessierten Kindern/Jugendlichen) ein **Angebot**, das die aktuellen Entwicklungs- und Bildungsthemen aufgreift. Lassen Sie das Kind (die Kinder/Jugendlichen) bei der weiteren Gestaltung des Angebots partizipieren.

- Prüfen Sie, ob Eigenaktivität und Interesse des Kindes (der Kinder/Jugendlichen) in ein **Projekt** münden können. Rekapitulieren Sie hierzu die methodischen Prinzipien der Projektarbeit. Begleiten Sie ein Projekt und dokumentieren Sie den Verlauf und die Ergebnisse unter Einbezug der Kinder/Jugendlichen. Gestalten Sie miteinander den Projektabschluss (Aufführung, Ausstellung, Einweihung etc.)

→ *Anwendungsbezogene Literatur zur Projektarbeit: Günther, 2006.*

Die Projektarbeit können Sie in Absprache mit der Betreuungslehrkraft im Abschlussbericht dokumentieren.

Inklusiv denken und handeln

- Erörtern Sie gemeinsam mit Ihrem Team die Bedeutung von Inklusion in allen Bereichen der Einrichtung.

- Sichten Sie den Index für Inklusion in Tageseinrichtungen für Kinder (im Internet zu finden auf der Seite: *www.inklusionspaedagogik.de*).

- Beleuchten Sie die Ausgangssituation in Ihrer Einrichtung und erarbeiten Sie gemeinsam einen Plan zur Umsetzung von Inklusion in der Praxis.

- Beginnen Sie Barrieren abzubauen, damit die Ressourcen von Kindern/Jugendlichen für Spiel, Lernen und Partizipation zum besten Einsatz kommen und eine Kultur der Zusammenarbeit mit deren Familien erweitert werden kann.

Professionalisierung zur Bildungspartnerin

Es ist eine wundervolle und anspruchsvolle Aufgabe, Kinder/Jugendliche in ihren Bemühungen zu unterstützen, die Welt zu verstehen und sich darin selbst- und mitverantwortlich zu bewegen. Jede Erzieherin bringt hierfür ein besonderes **Wissen und Können** mit. Setzen Sie sich nicht unter Druck Allround-Pädagogin werden zu wollen, sondern finden sie heraus, wie Sie eigene **Stärken, Fachkompetenzen, Talente, pädagogische Ideen** und **Bildungsinteressen** einbringen können.

- Vertiefen Sie Ihre themenbezogenen Interessen und fachlichen Stärken durch die Gestaltung ko-konstruktiver Bildungsprozesse (siehe „Ko-Konstruktion von Wirklichkeit").

- Setzen Sie Ihre pädagogischen Ideen in der Förderung zur Selbstbildung von Kindern/Jugendlichen um (siehe „Selbstbildung fördern").

- Verfolgen Sie in der Einrichtung eigene Bildungsinteressen und lassen Sie Kinder/Jugendliche/Kolleginnen/Eltern daran teilhaben.

- Bilden Sie sich außerhalb der Einrichtung zu ausgewählten Schwerpunkten fort bzw. werten Sie Fachliteratur zu einem Interessenschwerpunkt aus.

- Erschließen Sie Kindern/Jugendlichen mit Ihrer Begeisterung und Ihrem Interesse Themen, die sie allein nicht auffinden. Muten Sie behutsam die Begegnung mit Themen zu, erwarten Sie aber nicht von allen Interesse oder die Bereitschaft zur Teilnahme an einem Angebot.

Die Professionalisierung zur Bildungspartnerin bietet vielfältige Möglichkeiten, das eigene Profil als Erzieherin zu modellieren. Gehen Sie aus sich heraus, seien Sie „bunt", neugierig, spontan, schwungvoll, mitreißend und erleben Sie, auf welche Weise Ihre **persönliche Ausstrahlung** auf andere Menschen wirkt.

- Beantworten Sie sich die folgenden Fragen und vertiefen Sie dadurch diesen wichtigen Professionalisierungsschritt:

    - Wie hat sich **mein Bild von mir als Erzieherin** verändert, seitdem ich mich auch als Bildungspartnerin sehe? Halten Sie Ihre Erkenntnisse im pädagogischen Tagebuch fest.

    - Welche Handlungsweisen will ich als Bildungspartnerin …

bewusst beibehalten?	gezielt verändern?	neu hinzulernen?	möglichst unterlassen?
…	…	…	…
…	…	…	…

- Planen Sie konkrete Schritte zur Realisierung Ihrer genannten Vorhaben und setzen Sie diese um.

9.1.2 Be(ob)achten, dokumentieren und planen Teil II

„Beobachten ist ein zirkulärer, nicht endender Prozess: Wahrnehmen, Untersuchen, Erkennen, Verstehen, Handeln, Auswerten sind sich stets wiederholende Abschnitte. Immer wieder werden Leitfragen gestellt: Was war? Wie war es? Wo sind wir hier und jetzt? Wie geht es weiter?"
(Dittmann, Werkstatt Situationsansatz, 2000, S. 26)

Ihre praktischen Erfahrungen mit Beobachtungs- und Dokumentationsformen haben Sie bestimmt auch mit Vor- und Nachteilen von pädagogischen Verfahrensweisen bekannt gemacht. Wie in anderen Professionalisierungsbereichen gilt auch hier: Sie müssen nicht alle Beobachtungs- und Dokumentationsformen gut finden und künftig anwenden (das ist aufgrund der Vielzahl kursierender Variationen auch nicht möglich). Eine **Beobachtungsmöglichkeit für Fortgeschrittene** soll Ihnen dennoch vorgestellt werden.

Beobachten im Dialog

Kinder/Jugendliche vollziehen Tätigkeiten, die ihnen durch die Umgebung – Räume, Materialien, Personen, Zeitabläufe – zugestanden werden. Das bedeutet aber zugleich immer auch Ausgrenzung von Möglichkeiten. All das, was eine Situation an Ressourcen nicht hergibt, können Kinder/Jugendliche nicht in ihr Handeln einbeziehen und folglich dem Beobachter nicht als Tätigkeit demonstrieren.

Erstellen Sie zunächst eine Liste, auf der Sie die Ressourcen (Materialien, Gestaltung, Personen, Regeln, Zeitabläufe) innerhalb eines Raumes benennen. Wie schätzen Sie die Möglichkeiten zu konstruktivem Spielen und Lernen in diesem Raum ein? Was behindert konstruktives Spielen und Lernen? Womit sind Sie zufrieden? Was scheint zu fehlen? Was möchten Sie verändern, austauschen? Notieren Sie Ihre Gedanken.

„Beobachtungen, die sich nur der Bereitwilligkeit der Kinder bedienen, uns das beobachten zu lassen, was sie tun, sind einseitig. Sie sind Beobachtungen am Kind, nutzen aus, ohne dass die Kinder die Möglichkeit erhalten, von dem Beobachteten zu erfahren oder sich dazu verhalten zu können. Das ist kein Dialog. Solche Beobachtungen machen Kinder zu Lieferanten für unsere Interpretationen, machen sie zu Material, aus dem wir unsere Schlussfolgerungen ziehen. Zwei Dinge sind wichtig für einen Dialog: Zum einen, sich kümmern um das Schaffen und Suchen der Kinder; zum anderen Gelegenheit für Kinder, über unsere Bilder von ihnen zu erfahren und sich dazu verhalten zu können."
(Kazemi-Veisari, Kinder verstehen lernen, 2004, S. 67)

Bereiten Sie sich darauf vor, mit Kindern/Jugendlichen in den *beobachtenden* Dialog zu gehen. Folgende Grundlagen sollten Sie dabei beherzigen:

Ein gelingender Dialog
- setzt an Interessen, Themen, Bedürfnissen an;
- findet in einer Atmosphäre des Wohlbefindens und Vertrauens statt;
- folgt keiner strikten Befragungstechnik;
- bietet einen Einstieg, z. B. *„Mir ist aufgefallen, dass ihr in letzter Zeit ganz viel ...". „Mich interessiert, wie das für euch ist, wenn ...". „Erzählt doch mal ganz genau, wie ihr euch das ... vorstellt"*;
- wird durch weiterführende Fragen unterstützt, um das Gesagte verstehen zu können;
- ist von aktivem Zuhören geprägt;
- zeichnet sich als besondere Form der Sprachförderung aus;
- basiert auf der Feinfühligkeit der Fachkraft, Gesprächsgelegenheiten und -bedarfe zu erkennen und zu nutzen.

(vgl. Weltzien, 2010, S. 8 ff).

- Nehmen Sie feinfühlig **Gesprächsanlässe** wahr. Überlassen Sie Kindern/Jugendlichen die **Rolle der Experten** ihrer Erfahrungen bzw. ihres Wissens und Interesses. Übernehmen Sie die **Rolle der Lernenden**, die verstehen will.
- Vermitteln Sie jeweils, was Sie verstanden haben und lassen Sie sich die **Übereinstimmung Ihres Verständnisses mit der Perspektive der Erzählenden** bestätigen.
- Stellen Sie **Fragen** um herauszufinden, was den Kindern fehlt, um konstruktiv spielend und lernend tätig zu sein.
- Besprechen Sie, was das Tätigkeitsfeld der Kinder/Jugendlichen erweitern könnte.
- Machen Sie sich zu dem Gespräch **Notizen**.

Stellen Sie Ihrem Team Verlauf und Ergebnis des Gespräches vor. Was ist für Sie durch den Dialog klar geworden? Von welchen Kompetenzen haben Sie erfahren, die bisher Ihren Beobachtungen entgangen sind? Was gilt es gemeinsam mit den Kindern/Jugendlichen in Angriff zu nehmen, um Tätigkeitsfelder und damit Kompetenzbereiche zu erweitern?

- Beteiligen Sie Kinder/Jugendliche bei der **Planung und Umsetzung der Veränderungsideen**.
- **Beobachten** Sie, was sich durch die Veränderungen ereignet, entwickelt.
- Halten Sie Beobachtungsinhalte fest und gehen Sie mit den Kindern/Jugendlichen erneut in den **Dialog** …

Beobachtende Dialoge können mit einem einzelnen Kind/Jugendlichen, als Gespräche mit Pärchen oder mit Kleingruppen stattfinden. Entscheiden Sie, welche Form zu welchem Zeitpunkt angemessen ist.

- Sie können auch eine „Gesprächszeit" anbieten, zu der Kinder/Jugendliche sich anmelden.
- **Beobachten, dokumentieren und planen** zählen zu den Basiskompetenzen sozialpädagogischer Fachkräfte. Entwickeln Sie auch hier Ihr Profil und führen Sie dazu **Fachgespräche** mit Kolleginnen.
- Entwickeln Sie Dialogbereitschaft und Offenheit für die Themen der Kinder/Jugendlichen.
- Achten Sie auf den **Hinschauen-aber-nicht-sehen-Effekt**: „Wir haben beobachtet und beobachtet, doch manchmal wollten wir einfach nicht sehen, was sich vor unseren Augen abspielt – z. B. kindliche Formen von Sexualität". (Reflexion einer EiA in der Seminargruppe).

Kinder erzählen, was ihnen wichtig ist

→ *Anwendungsbezogene Literatur: Groot-Wilken, 2007.*

„Feinfühligkeit" als pädagogische Kompetenz

Feinfühligkeit ist ein **Schlüsselprinzip** im Zusammenleben und in der Zusammenarbeit mit Menschen. Sie ermöglicht, Vertrauen aufzubauen und gleichwürdige Beziehungen zu gestalten. Feinfühligkeit lässt sich, wie jede andere Kompetenz auch, nicht lehren. Aber man kann sie entwickeln und verfeinern – wenn man weiß, worauf sie gründet.

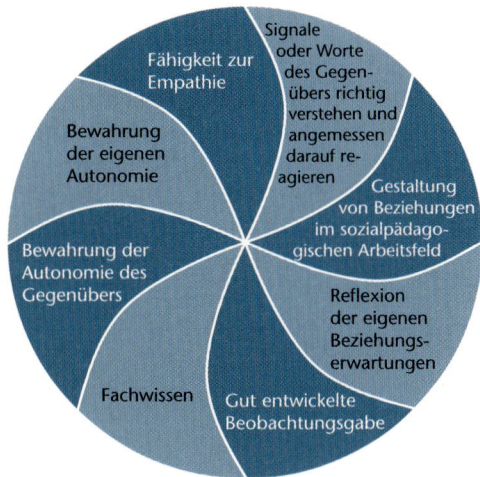

Wie feinfühlig Sie auf andere reagieren erfahren Sie meistens durch die **positive Resonanz** Ihres Gegenübers.

Lassen Sie sich dennoch gezielt **Rückmeldung** geben, etwa indem Sie fragen:
- „Wie ging es dir während unseres Gesprächs/unserer Aktion?"
- „Hätte ich aus deiner Sicht irgendetwas anders machen können/sollen?"
- „Habe ich zu viel/zu wenig … gezeigt, unternommen, gesagt?"

Emotionale Kompetenzen bei Kindern/Jugendlichen fördern

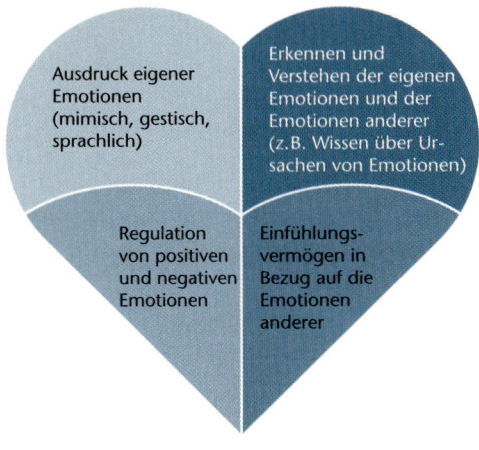

Welche emotionalen Kompetenzen Kinder erwerben hängt von den Beziehungserfahrungen ab, die sie mit ihren Bezugspersonen – auch mit Erzieherinnen – machen. Erwachsene sind im Umgang mit Emotionen wichtige Modelle. Kinder/Jugendliche orientieren sich daran, wie Bezugspersonen Gefühle ausdrücken. Je ausgewogener die **Emotionsregulation beim Modell** gelingt, umso breiter ist auch das Repertoire, mit dem Kinder/Jugendliche eigene Gefühle ausdrücken können.

(vgl. Helmsen/Petermann, 2008, S. 8 f).

Die Förderung emotionaler Kompetenzen bezieht sich auf folgende Bereiche:

- Benennen Sie Kindern/Jugendlichen (und Kolleginnen) gegenüber klar Ihre Gefühle. Berücksichtigen Sie hierbei die Prinzipien der Beziehungsgestaltung (3.1.1).
- Sprechen Sie mit Kindern/Jugendlichen über (deren) Gefühle. Geben Sie der Entwicklung emotionaler Kompetenzen gebührend Raum: Gefühle „stören" nicht, sie sind entweder Ausdruck von Wohlbefinden oder ein Alarmzeichen des Stresssystems und zählen zum *ganzheitlichen* Erleben. Suchen Sie mit Kindern/Jugendlichen nach Ursachen für deren Gefühle. In den meisten Fällen klärt sich der emotionale Zustand und kann behutsam ausbalanciert werden.

Sprechen sich mit Ihrer Praxisanleitung, wenn ein Kind/Jugendlicher von Emotionen überwältigt wird bzw. Sie es für sinnvoll erachten, dessen Eltern zu informieren oder zu beraten.

→ Anwendungsbezogene Literatur: Friedrich/Friedrich/de Galgóczy, 2008; Fachliteratur: Baer/Frick-Baer, 2010.

9.1.3 Schlüsselsituationen erkennen und aufgreifen

Durch Ihre bereits gut entwickelte Fähigkeit zu beobachten, Dialoge zu führen, Beziehungen zu gestalten und feinfühlig auf Ihr Gegenüber zu reagieren, wird es Ihnen immer leichter fallen, Schlüsselsituationen zu erkennen, die für Kinder/Jugendliche bedeutsam sind.

> *Eine **Situation** entsteht aus der Wechselwirkung zwischen den Erlebnissen des Kindes und seinem Fühlen und Denken. In der **Situationsanalyse** geht es um das Verstehen der Bedeutsamkeit der Situation. Was erlebt das Kind gerade? In welche Befindlichkeit wird das Kind dadurch versetzt? Wie drückt es diese Befindlichkeit aus?*

Die Planung nach dem Situationsansatz kennen Sie aus der theoretischen Ausbildung.

→ Im Lehrbuch Erziehen, bilden und begleiten finden Sie dazu ab S. 343 grundlegende Informationen.

Schlüsselsituationen sind Situationen, in denen Kinder/Jugendliche
- ängstlich, unsicher, hilflos reagieren,
- biografisch bedeutsame Erfahrungen machen,
- Veränderungen oder Transitionen erleben bzw. auf sich zukommen sehen,
- in der Minderheit sind und Unterstützung brauchen,
- eine altersbezogene Herausforderung meistern müssen.

- Bringen Sie in Erfahrung, inwiefern Kinder/Jugendliche in Ihrer Einrichtung aktuell bedeutsame Situationen erleben:
Orientieren Sie sich hierbei an den Qualitätskriterien im Situationsansatz:

Erzieherinnen
- erkunden, was Kinder auf vielfältige Weise selbst über ihre Lebenssituation ausdrücken (individuelle und gemeinsame Gespräche über Ideen, Ängste, Ereignisse, Wünsche etc.),
- initiieren Gespräche mit Eltern zu bedeutsamen Situationen im Lebensalltag der Kinder,
- verständigen sich mit anderen an der Erziehung von Kindern Interessierten über ihre Ansichten und Meinungen zu bedeutsamen Lebenssituationen von Kindern (durch Kontakte zum regionalen Umfeld – Kultur, Politik, Wirtschaft, Bildung etc.),
- tauschen sich im Team kontinuierlich über bedeutsame Lebenssituationen der Kinder in ihrer Kindertagesstätte aus,
- wählen aus der Vielfalt der infrage kommenden Lebenssituationen jene aus, die sie mit den Kindern im Sinne einer „Schlüsselsituation" bearbeiten.

(vgl. Preissing, 2009, S. 20 f.)

- Entscheiden Sie sich begründet für die **Bearbeitung einer Schlüsselsituation**.
- Führen Sie eine Situationsbearbeitung in 5 Schritten aus:

    1. Orientieren Sie sich bei der **Situationsanalyse** an folgenden Fragen.
    Wie stellt sich die Situation dar für
        - das betroffene Kind/den betroffenen Jugendlichen (oder mehrere Kinder/Jugendliche)?
        - mich selbst, Kolleginnen, Eltern, andere Betroffene?

    Beziehen Sie Lebensumstände, Verhalten, Bedürfnisse, Kompetenzen und Fähigkeiten der betroffenen Personen in Ihre Analyse mit ein.
    Vergewissern Sie sich der Bedeutung der Situation durch ausgewählte Fachliteratur/den Bildungsplan Ihres Bundeslandes.

    2. Stimmen Sie die **Zieleformulierung** darauf ab, welche Lern-, Entwicklungs-, Gestaltungs- und Veränderungschancen in der Situation enthalten sind.

    3. Bei der **Planung** legen Sie fest, welche Schritte Sie zur Verwirklichung Ihrer Ziele unternehmen wollen. Beziehen Sie die Betroffenen in die Planung mit ein.

    4. Gehen Sie bei der **Durchführung** entsprechend Ihrer Planung vor. Bleiben Sie aber offen für Entwicklungen, die sich im Durchführungsprozess ergeben.

    5. Nehmen Sie sich Zeit für eine differenzierte **Reflexion** der Situationsbearbeitung. Tauschen Sie sich hierzu mit allen Betroffenen aus. Lassen Sie sich eine Rückmeldung von Ihrer Praxisanleitung geben.

*Erarbeiten Sie gemeinsam mit der Praxisanleitung nächste Schritte, die Ihrer **Professionalisierung in der Bearbeitung von Schlüsselsituationen** dienen.*

Die Dokumentation der Bearbeitung einer Schlüsselsituation eignet sich gut als Abschlussarbeit.

9.1.4 Dokumentation von Selbstbildungsprozessen

Die pädagogische Bearbeitung einer Schlüsselsituation ist stets von Selbstbildungsprozessen des Kindes/Jugendlichen begleitet. Aber nicht nur hier – in jeder alltäglichen Situation stecken komplexe Lernvorgänge, in denen Denken, Fühlen und Handeln miteinander verbunden sind. Selbstbildungsprozesse verstehen sich immer auch als **Prozesse der Bildung des** *Selbst*.

Sammeln und strukturieren alltäglicher Beobachtungen

Was Gerd E. Schäfer „beobachtende Wahrnehmung der Kinder und die Verständigung mit ihnen über das, was sie tun" nennt (Schäfer, 2003, S. 39), kann auf vielfältige Weise erfolgen:

- **Raum-Briefkasten:** In jedem Raum hängt ein Briefkasten. Stifte und Zettel sind bereit gestellt. Jeder kann besondere Aktivitäten, Aussagen, Erfahrungen eines Kindes/Jugendlichen spontan notieren (Name/Datum) und einwerfen. Wöchentliche Leerung!

Der Raum-Briefkasten

- **Karteikasten:** Im Mitarbeiterinnenbüro werden für alle Kinder/Jugendlichen Karteiregister mit möglichst differenzierter Unterteilung geführt. Hier können auch Notizen aus den Raum-Briefkästen einsortiert werden.

- **Ibi = Ich-bin-ich-Ordner:** Kinder/Jugendliche sammeln selbst, worin sich ihre Persönlichkeit ausdrückt. Sie fertigen schriftliche Eintragungen, Bilder, Fotos etc. an und dokumentieren damit Fähigkeiten, Ereignisse, Wünsche, Themen. Sehr gute Grundlage für Dialoge. (Vergleichbar mit **Portfolio**, jedoch stärker an der bewussten Identitätsentwicklung aus der Perspektive des Kindes/Jugendlichen orientiert.)

- **Foto-, Film-, Powerpoint-Dokumentation*:** Kinder/Jugendliche und Fachkräfte nutzen technische Medien, um Bedeutsamkeiten einzufangen. Daraus können Ausstellungen, Vorträge und Vorführungen in der eigenen Einrichtung oder in anderen öffentlichen Räumen entstehen.

---

* *Diese Methoden sind gut geeignet für die Darstellung von Bildungsprozessen und der pädagogischen Arbeit nach außen (Öffentlichkeitsarbeit).*

- **Wissenslandkarte*:** Eine Art Mindmap, die mit Hilfe von Begriffen/Stichworten das Wissen oder Verständnis einer einzelnen Person abbildet. Sie kann für Kinder angelegt oder von diesen selbst erarbeitet und kontinuierlich ergänzt werden. Besonders eindrucksvoll ist eine Gruppen-Wissenslandkarte: Über eine ganze Wand hinweg können Wissensbegriffe gesammelt, kategorisiert, verästelt und ständig ergänzt werden.

Die Wissenslandkarte

Sammeln und strukturieren Sie gemeinsam mit Kindern/Jugendlichen *Bedeutsamkeiten*. Wählen Sie hierfür eine oder mehrere der oben aufgezählten Möglichkeiten. Gehen Sie mit den Kindern/Jugendlichen in den Dialog. Legen Sie miteinander fest, was mit der Sammlung und Strukturierung geschehen soll und setzen Sie diese Vorstellungen gemeinsam um. Reflektieren Sie darüber, welche pädagogische Handlungsstrategie Sie dabei verfolgen.

Professionalisierung in der Beobachtung und Dokumentation von Selbstbildungsprozessen

„Für Beobachtungen und Dokumentationen gilt gleichermaßen: Die Würde des Kindes ist unantastbar. Kinder sind mit diesem Recht davor zu schützen, dass über sie hinweg gehandelt wird, dass über sie als Erziehungsobjekte oder „Fälle" verfügt wird! Da Kinder sich selbstbildend und wachsam mit der Welt und ihrem Verhältnis dazu auseinander setzen, beobachten, was um sie herum und mit ihnen geschieht, ist es ein unterstützender Weg, mit Kindern und für sie zu dokumentieren. (…)."
(Kazemi-Veisari, Kinder verstehen lernen, 2004, S. 105)

Neben der Dokumentation von Beobachtungen in Form von Lerngeschichten (siehe 6.1.4), Entwicklungsberichten oder Skalen (z. B. Leuvener Engagiertheits-Skala), gibt es viele Möglichkeiten, Selbstbildungsprozesse sichtbar zu machen. Doch eines sollte klar sein: Eine Beobachtung, die nicht zum Nachdenken und Austausch anregt oder in Ideen und Planungen mündet, ist ein sinnloser Formalakt. Nutzen Sie unterschiedliche Methoden und entscheiden Sie, welche darunter für Sie und die Kinder/Jugendlichen ergiebig und befriedigend sind. Bringen Sie außerdem in Erfahrung, mithilfe welcher Beobachtungs- und Dokumentationsmethoden Sie den Austausch mit Kolleginnen und die Zusammenarbeit mit Eltern am effektivsten gestalten können.
Das Referat Kinder-, Jugend- und Familienhilfe des Caritas-Verbands Münster/Westfalen hat eine Vorlage geschaffen, die dem Anspruch Kazemi-Veisaris gerecht wird. **Beobachtung – Dokumentation – Selbstreflexion der Fachkraft – Entwicklung pädagogischer**

---

* Diese Methode ist gut geeignet für die Darstellung von Bildungsprozessen und der pädagogischen Arbeit nach außen (Öffentlichkeitsarbeit).

Handlungsstrategien werden hier als Elemente eines umfassenden Prozesses verstanden. Die Beobachtungsvorlage findet sich in der folgenden Aufgabenstellung wieder:

Beobachten, dokumentieren und planen als alltäglicher Prozess
- Führen Sie nach der Beobachtungsvorlage eine eigene **Beobachtung** durch. Erstellen Sie über Ihre Wahrnehmungen, Ideen und Erkenntnisse eine **Dokumentation**:

1. Welche Stärken und individuellen Talente bzw. Vorlieben hat das Kind?	bezogen auf z. B. Bewegungsfähigkeit, Sprachkompetenz/Ausdrucksfähigkeit/ Kommunikationsfähigkeit/Spielverhalten, Gestalten/Kreativität/Fantasie, Umgang mit Medien, Erschließung von Lebenswelten/ Natur und kulturelle Umwelt, soziale Kompetenzen, …
2. Persönlichkeitsentwicklung des Kindes	z. B. Selbstständigkeit, Selbstvertrauen, Selbstbewusstsein, Selbstwertgefühl, Ausgeglichenheit, Emotionalität, Empathie, …
3. Engagiertheit des Kindes	Womit beschäftigt sich das Kind besonders gerne? Wie intensiv, engagiert und konzentriert geht es dieser Beschäftigung nach? Welche Themen/Anliegen sind momentan für das Kind wichtig? Welches Spiel bzw. welche Aktivitäten bevorzugt das Kind? Wie ist das individuelle Lerntempo des Kindes?
4. Wie setzt das Kind seine eigenen Selbstbildungspotenziale im Bildungsprozess ein?	z. B. Wahrnehmungsfähigkeit, innere Verarbeitung durch Eigenkonstruktion, Fantasie, durch sprachliches Denken und durch naturwissenschaftlich-mathematisches Denken, Fähigkeit zum sozialen Austausch, Umgang mit Komplexität und Lernen in Sinnzusammenhängen, Neugierde/forschendes Lernen/individuelle Lernstrategien, …
5. In welchem Bereich seines individuellen Lernweges benötigt das Kind Unterstützung, Anregung, Förderung oder Freiräume?	Hinsichtlich der Bildungsbereiche/der individuellen Selbstbildungspotenziale des Kindes:
6. Welche *pädagogischen Handlungsstrategien* ergeben sich auf der Grundlage der aktuellen Beobachtung für das Kind?"	z. B. individuelle Förderangebote, Gruppensituation, Beratungsgespräche mit den Eltern, Reflexion im Team, …

(Caritasverband, Bildungsvereinbarung NRW, 2004, S. 29 f.)

- Suchen Sie nach Abschluss der Dokumentation den **Dialog** mit dem betreffenden Kind/Jugendlichen und fragen Sie nach, ob ein Austausch über seine Person, Interessen, Stärken und Bedürfnisse gewünscht ist. Stellen Sie schließlich Ihre Wahrnehmungen, Ideen und Erkenntnisse aus der Beobachtungsdokumentation vor und bitten Sie jeweils darum, ergänzt und korrigiert zu werden.

- Achten Sie darauf, welche Themen *außerhalb* Ihrer Beobachtungsdokumentation angesprochen werden und gehen Sie darauf ein.

- Entwickeln Sie mit dem Kind/Jugendlichen ein *Fazit* (Was ist dir zurzeit wichtig? Was beschäftigt/interessiert dich besonders? Was willst du als nächstes tun oder erreichen? Was brauchst du dafür? Wer kann dich dabei unterstützen?).

- Beantworten Sie nach dem Gespräch für sich allein die Fragen zur Selbstreflexion.

„**Fragen zur Selbstreflexion der Erzieherin:** Eine rein objektive Wahrnehmung kann es nicht geben – also: nicht Objektivität und Neutralität, sondern ein bewusster Umgang mit eigenen Reaktionen, Stärken und Schwächen ist ein Merkmal von Professionalität.
Was berührt mich bei diesem Kind? Welche Erwartungshaltung habe ich dem Kind gegenüber? Wodurch löst es bei mir Zuwendungs- oder ggfs. Abwehrverhalten aus? Was hat dieses Erleben mit meiner eigenen Biografie zu tun? Was will mir das Kind mit seinem Verhalten sagen? An welchen Punkten hat sich meine Wahrnehmung und Einschätzung des Kindes unter Berücksichtigung meiner Selbstreflexion verändert? Was hat sich im Vergleich zur letzten Beobachtung verändert?
Mit welcher Einstellung und Haltung führe ich das **Gespräch mit den Eltern** zu den Inhalten und Ergebnissen der Beobachtung?
Wurde dieses vorab im kollegialen **Austausch im Team**/oder im **Gespräch mit der Leitung** zur Sicherstellung einer möglichst hohen Objektivität beraten?"
(Caritasverband, Bildungsvereinbarung NRW, 2004, S. 31)

- Sprechen Sie im Team über Beobachtungsdokumentation und Dialog. Planen Sie nach gemeinsamer Beratung Ihre persönliche **pädagogische Handlungsstrategie** und verwirklichen Sie diese.

- Stellen Sie beim nächsten Elterngespräch möglichst zusammen mit dem Kind/Jugendlichen die Inhalte aus der Beobachtungsdokumentation vor. Entwickeln Sie gemeinsame Ziele (Unterstützung, Anregung, Förderung etc.).

Reflexion über Beobachtungen

Reflektieren Sie den gesamten Prozess mit Ihrer Praxisanleitung und erarbeiten Sie gemeinsam nächste Schritte, die Ihrer **Professionalisierung in Bezug auf Beobachtung und Dokumentation** dienen.

9.2 Arbeit im Team

Ihre Kolleginnen und deren pädagogische Handlungsstrategien, die sich am Leitbild der Einrichtung orientieren, sind Ihnen inzwischen gut vertraut. Sie haben vielseitige Unterstützung erfahren und erfolgreich kooperiert. Indem Sie nun stärker Mitverantwortung in allen Arbeitsbereichen der Einrichtung tragen, können Sie Ihr eigenes Profil weiter entwickeln und in die *Symphonie des Teams* einbringen: So wie ein Orchester durch die Virtuosität der einzelnen Spieler eine wohlklingende Melodie erzeugt, können auch Teammitglieder dank individueller, entwicklungsfreudiger Profile ein gelungenes pädagogisches Gesamtwerk schaffen.

9.2.1 Synergie als Grundprinzip

Wenn Ihre Kolleginnen erfahren, worin Ihre Stärken und Interessen liegen, können Sie umso besser ins „Team-Orchester" eingebunden werden. Auch für Kinder/Jugendliche hat das besondere Können und Wissen jeder einzelnen Erzieherin etwas sehr Anziehendes und Bereicherndes.

Eigene professionelle Stärken und Interessen einbringen

- Definieren Sie auf der Grundlage Ihrer bisherigen pädagogischen Erfahrungen, welche Stärken und Interessen Sie in die gemeinsame Arbeit einbringen wollen. Verstehen Sie dieses Angebot als Energie, die für den Zusammenhalt und die gemeinsame Erfüllung von Aufgaben zur Verfügung steht:

Meine Stärken (worin ich fachlich fit bin und was ich gut umsetzen kann)	Meine Interessen (was ich kennenlernen möchte und worin ich mich profilieren will)
• … • …	• … • …

- Schlagen Sie Ihren Kolleginnen vor, ebenfalls individuelle Stärken und Interessen zu definieren. Geben Sie dieser Aktion das Motto: „**Synergie = Zusammenfließen individueller Energie mit dem Ziel, gemeinsam erfolgreich zu sein**". Stellen Sie die Sammlung aller Stärken und Interessen auf einer Teamsitzung vor (möglichst visualisiert, z. B. an einer Pinnwand).

- Überprüfen Sie gemeinsam, ob das „Team-Orchester" bereits perfekt besetzt ist oder ob eine Optimierung möglich ist: Wer fühlt sich (nicht) am richtigen Ort? Welche Erfahrungsbereiche sind in der Einrichtung über-/unterbesetzt? Wo sollte eine Lücke geschlossen werden?

- Finden Sie heraus, wo und wie Sie Ihre Energien im Sinne der eigenen Professionalisierung ins Team einfließen lassen können.

Kollegiale Beratung

Wenn Sie im Hinblick auf eine schwierige Situation (mit einem Kind, Elternteil etc.) mehr Klarheit gewinnen oder alternative Handlungsoptionen kennenlernen wollen, besteht die Möglichkeit einer kollegialen Beratung durch Ihr Team. Durch diese Form *personalinterner Fortbildung* erfahren Sie den Rückhalt der Gruppe, spüren Sie Entlastung, kommen Sie in einen fachlichen Austausch und gestalten Sie gemeinsam eine Kultur der gegenseitigen Unterstützung.

→ *Ablauf einer kollegialen Beratung: www.jobstarter.de (Suchbegriff eingeben).*
→ *Literatur: Faller, 1998, S. 157–163.*

9.2.2 Konfliktmanagement

Konflikte können überall dort entstehen, wo Menschen mit unterschiedlichen Erfahrungen, Wünschen, Visionen, Kenntnissen etc. aufeinander treffen. Für gewöhnlich sind Konflikte bereichernd – wenn sie offen und kompetent ausgetragen werden. In Ihrem

Arbeitsfeld werden Sie Konflikten begegnen, die vielfältige Entstehungsbedingungen haben. Christopher W. Moore unterscheidet 5 Konflikttypen:

Sachverhalts-Konflikte	Interessen-Konflikte	Beziehungs-Konflikte	Werte-Konflikte	Struktur-Konflikte
verursacht durch	verursacht durch	verursacht durch	verursacht durch	verursacht durch
• zu wenig Information • falsche Information • unterschiedliche Interpretation von Information • unterschiedliche Prioritätensetzung	• vermutete oder erlebte Konkurrenz von: a) Interesseninhalten b) Umsetzungsweisen c) psychologischen Standpunkten	• starke Gefühle und Fehlwahrnehmungen • Vorurteile oder Stereotypien • mangelnde oder unaufrichtige Kommunikation • wiederholt negatives Verhalten	• unterschiedliche Bewertungs-Prinzipien • fehlende innere Überzeugung • unterschiedliche Lebensformen, Haltungen, Glaubenssätze	• negative Interaktions- und Verhaltensmuster • ungleiche Macht- und Autoritätsverhältnisse • ungleiche Besitz- und Ressourcenverteilung • zeitliche, bauliche, politische, geografische etc. Zwänge

(vgl. Faller, 1998, S. 27 f).

Konflikte: Ja, bitte! **Nein Danke!**

Wie sieht es mit Ihrem eigenen Konfliktverhalten aus? Sind Sie der Überzeugung, dass alle Beteiligten aus einer Konfliktbewältigung gestärkt hervorgehen können? Oder meiden Sie Konflikte, weil diese Ihrer Erfahrung nach ideellen, materiellen oder emotionalen Verlust bedeuten können?

- Reflektieren Sie Ihr bisheriges **Konfliktverhalten**. Nutzen Sie hierfür Anregungen aus Kapitel 2.2 (Erziehungsbotschaften, hemmende und fördernde Faktoren der Identitätsentwicklung/Professionalisierung, Zwiebelmodell der Persönlichkeit, Transaktionsanalyse).

- Notieren Sie die Gründe, warum Sie bereit sind Konflikte einzugehen und auszutragen bzw. warum Sie Konflikte meiden.

- Halten Sie außerdem fest, über welche **Kompetenzen zur Konfliktbewältigung** Sie persönlich verfügen und welche Kompetenzen Sie hinzu gewinnen wollen. Setzen Sie sich konkrete Ziele und verwirklichen Sie diese (siehe 2.2.3, „Vertrag mit mir selbst").

Mediation/Streitschlichtung

- Überprüfen Sie gemeinsam mit Ihrem Team, wie zufriedenstellend in der Einrichtung Konflikte gelöst werden: Zwischen Kindern/Jugendlichen untereinander, zwischen Erzieherinnen und Kindern/Jugendlichen, zwischen Erzieherinnen und Eltern, zwischen Kolleginnen untereinander.

- Halten Sie gemeinsam fest, was verändert werden kann. Überprüfen Sie hierzu **Ressourcen und Fortbildungsbedarf**. Erwägen Sie, auf welche Weise Sie Kinder/Jugendliche dazu befähigen können, Konflikte untereinander *selbstständig* und *gut* zu lösen. Mediation und Streitschlichtung sind äußerst geeignete **Modelle zur konstruktiven Konfliktlösung** und sollten in jeder sozialpädagogischen Einrichtung eingeführt werden.

- Überlegen Sie, inwiefern Sie persönlich die Kompetenzen von Kindern/Jugendlichen zur Konfliktbewältigung in konkreten Situationen stärken können.

→ *Anwendungsbezogene Literatur: Für die Kita: Faller/Faller, 2008; für Schule und Jugendarbeit: Faller/Kerntke, 2009.*

9.2.3 Qualität und Profil: Die pädagogische Konzeption

Mitgestaltung, Mitverantwortung, Mitentwicklung

Die Konzeption einer sozialpädagogischen Einrichtung bildet die Grundlage des Qualitätsmanagements. Zu Beginn Ihres Anerkennungsjahres haben Sie sich mit der Konzeption beschäftigt, um Orientierung zu gewinnen. Inzwischen gestalten Sie Arbeitsinhalte und Handlungsprozesse, die in der Konzeption als Leitziele formuliert sind, aktiv mit. Pädagogische Qualität kann jedoch nicht ein für alle Mal festgeschrieben werden. Sie muss die Veränderungen im externen Umfeld (gesellschaftliche, bildungstheoretische, ökologische, politische etc.) ebenso wie Neuerungen im Inneren berücksichtigen (Wechsel von Kindern/Jugendlichen und deren Familien, Kolleginnen, Leitung; zunehmende Professionalisierung durch Fort- und Weiterbildungen etc.). Wenn Sie die Steigerung der pädagogischen Qualität in Ihrer Einrichtung anstreben, kann das nur im Team und mit Unterstützung des Trägers gelingen. Nicht zuletzt dient es der erfolgreichen Kooperation, wenn Sie Erziehungsberechtigte in die inhaltliche Diskussion um Qualitätsstandards einbeziehen.

Die Konzeption ist das Fenster zu Ihrer Arbeit, das Einblicke, Informationen und Perspektiven bietet. Je transparenter Sie dieses Fenster gestalten, desto höher wird die Anerkennung gegenüber der Einrichtung ausfallen und umso leichter gelingt die Zusammenarbeit mit Kooperationspartnern.

Die Konzeption: Das Fenster zur pädagogischen Arbeit

- Überprüfen Sie gemeinsam mit Ihrem Team, wie aktuell, transparent und ansprechend die Konzeption der Einrichtung ist. Eine gute Arbeitsteilung hilft dabei vor zu großer zeitlicher Belastung:
    1. Wie gut gefällt uns der „**Fensterrahmen**": Sind Aufmachung und Gestaltung ansprechend (Broschüre, Flyer, Kopie, Internet-Homepage)?
    2. Werden **Erziehungsberechtigte** direkt angesprochen und einbezogen?
    3. Haben wir unsere **Leitziele** klar formuliert? Sind diese differenziert erläutert?
    4. Wie gut sind die **Rahmenbedingungen** in unserer Einrichtung nachvollziehbar? (Vorstellung von Abläufen, Räumen, pädagogischem Team, Mitarbeiterinnen etc.).
    5. Können wir unser **Selbstverständnis und pädagogisches Handeln** gut vermitteln? Gibt es klärende Beispiele?
    6. Sind alle **Entwicklungs- und Lernbereiche** aufgeführt, um die sich unsere pädagogische Arbeit dreht?
    7. Wodurch werden unsere Lebensweltorientierung und die Öffnung zum Gemeinwesen deutlich?
    8. In welcher Form stellen wir die Zusammenarbeit mit Eltern und anderen Kooperationspartnern dar?
    9. Woran erkennt man, dass wir eine **lernende Organisation** sind? Auf welche Weise wird verständlich, dass die Konzeption keine abgeschlossene Erklärung ist?
    10. Wie stark ist der Bezug zwischen der Darstellung/Dokumentation alltäglicher pädagogischer Prozesse und der Konzeption?
- Veranlassen uns externe/interne Veränderungen zur Aktualisierung eines der 10 Punkte?
- Tragen Sie die Ergebnisse Ihrer Recherchen zusammen und entscheiden Sie gemeinsam, welche Qualitätsmerkmale der Konzeption bzw. der pädagogischen Arbeit verbesserungswürdig sind. Zeigen Sie Mitverantwortung als EiA, indem Sie die beschlossenen Zielsetzungen zu verwirklichen helfen.

Der Wunsch, Spuren zu prägen

Ob Sie nach erfolgreichem Bestehen der Prüfung in Ihrer Ausbildungs-Praxisstelle übernommen werden oder sich nach dem Anerkennungsjahr verabschieden – sicher werden Sie den Wunsch haben, Spuren zu prägen. Dieser Wunsch entstammt dem Bedürfnis nach individueller Profilbildung, die im Zuge Ihrer Professionalisierung ohnehin anzustreben ist.

- Denken Sie darüber nach, mit welcher pädagogischen Anforderung oder mit welchem Inhalt Sie sich ganz besonders identifizieren. Halten Sie in Stichworten fest, welche Erfahrungen Sie mit dieser Aufgabe/diesem Inhalt bereits gesammelt bzw. welche Aktionen Sie initiiert haben.
- Entwickeln Sie konkrete Vorstellungen darüber, auf welche Weise Sie diese Aufgabe/diesen Inhalt während der nächsten Zeit gestalten wollen, um Ihrem persönlichen Profil eine noch stärkere Kontur zu verleihen.

Sprechen Sie mit Ihrer Praxisanleitung über Ihre Vorstellungen zur Profilbildung. Klären Sie miteinander, welche Chancen in der Profilbildung liegen und wie man der Gefahr der Überspezialisierung und Vereinseitigung entgeht. Werten Sie Ihre Erfahrungen regelmäßig aus und legen Sie „Feinabstimmungen" fest.

Erarbeiten Sie gemeinsam nächste Schritte, die Ihrer **Professionalisierung in Bezug auf die Arbeit im Team** dienen.

Stellen Sie im Team Ihre Vorhaben zur Profilbildung dar. Sprechen Sie miteinander Berührungspunkte und Zuständigkeiten ab.

- Kooperieren Sie mit Ihren Kolleginnen und beobachten Sie die Effekte Ihrer Profil bildenden Maßnahmen: Wie reagieren die Kinder/Jugendlichen darauf? Was kommt bei den Eltern an?

9.3 Zusammenarbeit mit Eltern/Kooperationspartnern

Im Zuge Ihres Professionalisierungsprozesses haben Sie Ihr Selbstbewusstsein in der Kooperation mit Erwachsenen gestärkt und Verständnis für kindliche Entwicklungsbedingungen in beziehungs- und bildungsstärkeren bzw. in beziehungs- und bildungsschwächeren Familien gewonnen. Nun geht es darum, die Zusammenarbeit mit Eltern innerhalb der Erziehungs- und Bildungspartnerschaft im Hinblick auf besondere Ausgangsbedingungen der Familien zu individualisieren.

9.3.1 Elterngespräche Teil II

Das Elterngespräch als vorbereiteter Dialog ist ein wesentlicher Bestandteil erfolgreicher pädagogischer Arbeit zum Wohle der Ihnen anvertrauten Kinder/Jugendlichen. Aufnahmegespräche bzw. regelmäßige Entwicklungs- und Hilfeplangespräche erfüllen hierbei einen wichtigen Teil in der Zusammenarbeit mit Erziehungsberechtigten. Gespräche, in denen es zudem um bedeutsame Veränderungen der Lebenssituation oder um Entwicklungs- bzw. Verhaltensbesonderheiten geht, bedürfen einer besonders sorgsamen Vorbereitung und Moderation. Darin werden Sie im Laufe Ihrer Berufstätigkeit noch viele wertvolle Erfahrungen sammeln. In dieser Ausbildungsphase geht es darum, Berührungsängste vor „heiklen Themen" abzubauen.

„Viele Mütter nutzen die Bring- und Abholsituation, um bei der Erzieherin ein Problem anzusprechen. Dies ist für sie erst einmal unverfänglicher als einen Gesprächstermin auszumachen, da ein Gesprächstermin dem Problem ein stärkeres Gewicht verleihen würde. Viele Mütter scheuen sich, direkt einen Termin zu vereinbaren, weil sie nicht genau wissen, wie sich die Erzieherin zu ihrem Problem stellen und was sie dazu sagen wird. Gespräche mit Fachleuten über ihr Kind sind für viele Eltern eher mit Angst und Unsicherheit besetzt und werden aus diesem Grund oft vermieden. (…) Die Situation für die Erzieherin, die mit einem Problem zwischen Tür und Angel konfrontiert wird, ist schwierig und stellt häufig eine Überforderung dar. (…) Zusätzlich gerät die Erzieherin in vielen Fällen auch noch durch die Erwartung der Mutter, möglichst schnell einen Ratschlag zu bekommen, unter Druck."
(Bröder, Gesprächsführung, 2004, S. 46)

Situationen, in denen Eltern um Rat bitten, Unsicherheit ausdrücken oder indirekt eine Hilfestellung suchen, sind in vielen Einrichtungen an der Tagesordnung. Nicht jeder braucht deshalb ein Einzelgespräch.

- Führen Sie von nun an unter folgenden Prämissen Tür- und Angelgespräche: Achten Sie darauf, ob Erziehungsberechtigte Sie bzw. eine Kollegin um **Auskunft** bitten, um einen **Rat** ersuchen oder mittels emotionaler Äußerungen **Unterstützungsbedarf** signalisieren. Gestalten bzw. verfolgen Sie solche Gespräche über mehrere Tage hinweg und machen Sie sich zu Ihren Beobachtungen und Vermutungen Notizen.

- Tauschen Sie sich mit Kolleginnen zu Ihren Beobachtungen aus. Beratschlagen Sie gemeinsam, ob Erziehungsberechtigte in Ihrer Einrichtung ein besonderes **Angebot** brauchen:
    - **Fachbroschüre** (zu vielen Themen kostenlos z. B. von der Bundeszentrale für gesundheitliche Aufklärung zu beziehen),
    - **Entwicklungs-** oder **Beratungsgespräch**,
    - **Elternabend** oder **Elterntraining**.

Planen Sie gemeinsam ein unterstützendes Angebot. Wirken Sie in Absprache mit Ihren Kolleginnen aktiv an der Umsetzung des Angebots mit.

Das Elterntraining können Sie als Team nicht während regulärer Arbeitszeiten leisten. Entweder Sie kommen mit dem Träger überein, dass in Ihrer Einrichtung ein besonderer Bedarf nach Elterntraining besteht oder Sie kooperieren mit externen Anbietern, die zu verabredeten Zeiten in die Einrichtung kommen.

→ *Literatur- und Fortbildungsempfehlung: www.instep-online.ch*

Mit Eltern individuell arbeiten

Was für die eine Familie aktuell bedeutsam ist, mag für eine andere Familie gerade kein Thema sein. Daraus folgt: Wer alle *gleich* behandeln will, muss jeden *individuell* betreuen. Sollten Sie sich mit Ihrer Praxisanleitung oder einer Kollegin für ein außerplanmäßiges Elterngespräch entscheiden, ist das für beide Seiten kein Anlass zur Aufregung. Teilen Sie den Erziehungsberechtigten den Grund Ihres Wunsches mit und geben Sie zu verstehen, wie sehr Sie sich über eine „Experten-Kooperation" freuen: Eltern als Experten für ihre Kinder – Erzieherinnen als Expertinnen für ihre pädagogische Arbeit. Berücksichtigen Sie bei der Vorbereitung folgende **Prinzipien für** *Krisengespräche*:

- Klagen Sie nicht über Belastungen und lassen Sie keinen „Dampf" ab.
- Seien Sie sich der emotional engen Beziehung zwischen Mutter/Vater und Kind bewusst.
- Tauschen Sie im Wechsel mit den Eltern Erfahrungen und Beobachtungen aus.
- Sprechen Sie wertschätzend über das positive Verhalten des Kindes.
- Benennen Sie tatsächliches Verhalten und verallgemeinern oder interpretieren Sie nicht.
- Vergleichen Sie das Kind nicht mit anderen Kindern und geben Sie ihm kein „Etikett".
- Bemühen Sie sich um Ausgewogenheit von Akzeptanz und Kritik gegenüber dem kindlichen Verhalten/der gesprächsauslösenden Situation.
- Bedenken Sie: Professionell ist, wer seine Wahrnehmung als subjektiv bezeichnen und doch vertreten kann. Es geht nicht darum, Recht zu haben, sondern darum, Umstände zu erhellen.
- Zeigen Sie Interesse und Verständnis für die aktuelle Lebenssituation der Familie.
- Ob Sie sich als besorgte Bezugsperson oder als Anwältin des Kindes sehen: Sprechen Sie über sicht- oder spürbare Fehlentwicklungen bzw. Missstände ohne anzuklagen oder zu verurteilen.
- Rechnen Sie mit Ängsten, Schuldgefühlen oder Abwehr der Eltern.
- Versichern Sie den Eltern, dass Sie an einer gemeinsamen Zielentwicklung und -verwirklichung interessiert sind und dabei als Beraterinnen und Unterstützerinnen fungieren.

- Bereiten Sie viele gute Fragen vor anstatt zu viele gute Ratschläge zu geben.

- Sollten Sie sich angegriffen fühlen: Gehen Sie nicht zum Gegenangriff über und rechtfertigen Sie sich nicht. Nur so kommen Sie auf eine Ebene, auf der Sie lösungsorientiert miteinander reden können.

- Akzeptieren Sie die Sicht der Eltern und versuchen Sie, diese nachzuvollziehen. Das bedeutet nicht, dass Sie dieser Sicht zustimmen.

- Heben Sie die Gemeinsamkeiten der Sichtweisen hervor. Das bringt Sie einer Lösung näher.

- Praktizieren Sie aktives Zuhören und achten Sie auf professionelle Distanz.

(vgl. Barth, kiga heute, 2/2002, S. 14–21)

Das Genogramm: Die Familie und ihr Umfeld

Eine Familiensituation wird am besten im gemeinsamen Gespräch erfasst. Hierbei bietet das Genogramm die Möglichkeit, das Beziehungsnetz von Personen innerhalb und außerhalb der Kernfamilie zu visualisieren. Aber nicht nur das. Durch Symbole, deren Bedeutung ein Team gemeinsam festlegt, können wichtige Aussagen der Eltern festgehalten werden. Das braucht ein wenig Training, ist aber schnell zu erlernen. Jedes Genogramm ist einzigartig und gibt zum Teil auch den Eltern unverhoffte Einblicke in das Beziehungserleben und die Entwicklungsthemen ihrer Kinder.

So entsteht ein Genogramm im Gespräch: Eine von zwei anwesenden Erzieherinnen führt das Gespräch mit den Eltern (oder einem Elternteil) und fragt nach Personen, die zur Familie zählen, nach Verwandtschaftsgrad, räumlicher Nähe, Häufigkeit der Kontakte etc. Die Erzählung der Eltern wird von einer zweiten Erzieherin zeitgleich auf einem großen Papier festgehalten. Diese versichert sich bei den Eltern immer wieder, ob ihre Zeichnung stimmig ist oder ob etwas verändert werden soll. Die Verbildlichung sorgt dafür, dass die Eltern sowohl bereitwillig Ergänzungen vornehmen, als auch neue Aspekte einbringen. Der Gesprächsfluss regelt sich somit fast von selbst. Die erste Erzieherin fragt weiter nach, wenn Sie das Gespräch um eine neue Perspektive bereichern will. Hier kann es auch um Haustiere oder Ereignisse gehen, die ihren Platz im Genogramm finden sollen. Auf dieser Grundlage entsteht oft ein guter Austausch, der für beide Seiten Klärung bringt. Je feinfühliger die Erzieherinnen hinhören, umso passgenauer können vertiefende Fragen gestellt werden.
Variante: Das Genogramm kann durch die Situation des Kindes in der Einrichtung ergänzt werden. Hier beschreiben die Erzieherinnen, welche Beziehungen das Kind aus ihrer Sicht führt und welche Erfahrungen es dort macht. Auf diese Weise werden die Sichtweisen aller Gesprächsbeteiligten visualisiert. Das ermöglicht einen gemeinsamen Blick auf die Situation und bietet damit eine Ebene, auf der man miteinander über Vorhaben und Ziele sprechen kann.

Das Gesprächs-Genogramm

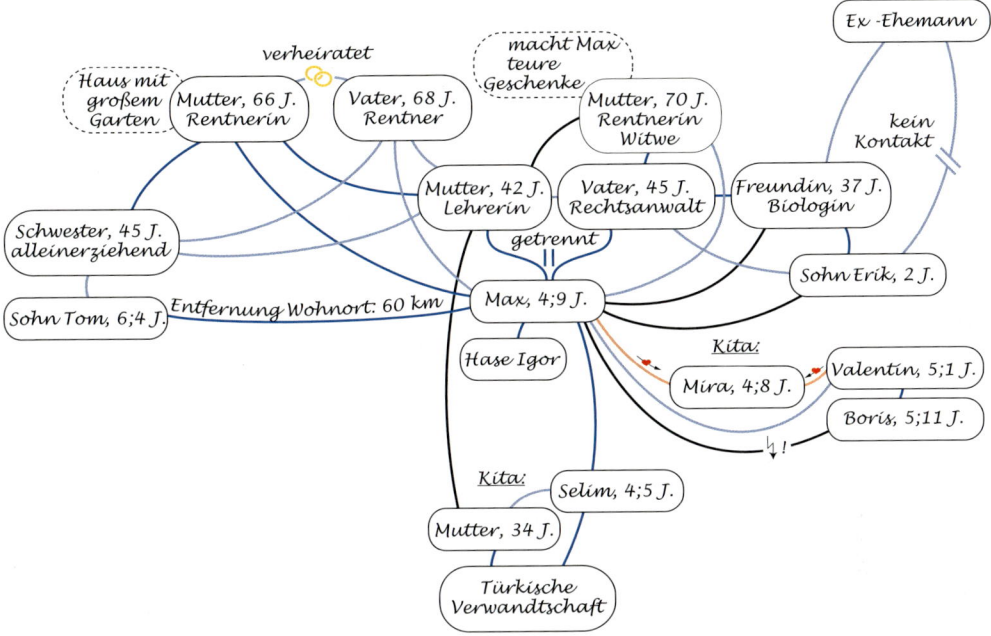

- Bereiten Sie anstehende Elterngespräche gemeinsam mit Kolleginnen vor. Bringen Sie dabei Ihre Sichtweisen und Ihr Verständnis zum Schwerpunkt des Gespräches ein. Sprechen Sie ab, welche Gesprächsanteile Sie übernehmen. Zum Ende des Anerkennungsjahres hin sollten Sie **Elterngespräche selbstständig führen** – gern im Beisein einer Kollegin.

- Klären Sie, ob die Teilnahme an einem **Gespräch mit höherer Problemintensität** möglich ist. Bereiten Sie auch hier die Gestaltung des Gesprächs mit vor (siehe Prinzipien für Krisengespräche) und planen Sie die Übernahme eines Gesprächsanteils. Vermeiden Sie, bloße Beobachterin zu sein.

- Üben Sie sich in der **Genogramm-Gestaltung**. Das gelingt sicher am besten durch den Versuch der eigenen Familien- und Beziehungsdarstellung. Entwickeln Sie hierfür Symbole, die eine Bedeutung transportieren.

- Stellen Sie das Genogramm als Methode im Team vor. Erläutern Sie Ihre Symbol-Beispiele und machen Sie den Vorschlag, in Elterngesprächen damit zu arbeiten.

*Reflektieren Sie mit Ihrer Praxisanleitung die Erfahrungen, die Sie während der **Umsetzung individueller Zusammenarbeit mit Eltern** machen.*

9.3.2 Veranstaltungen und professionelle Öffentlichkeitsarbeit

Individuelle Zusammenarbeit mit Eltern schließt gemeinsame Treffen an Nachmittagen und Abenden mit ein. Wenn Sie hierzu Schwerpunkte und Themen wählen, die tatsächlich den Interessen und Bedürfnissen der Eltern entsprechen, können Sie auch mit zahlreichem Erscheinen rechnen. Zu erfolgreichen Veranstaltungen mit Eltern führen viele Wege.

➔ Anwendungsbezogene Literatur für unterschiedliche Veranstaltungen mit Eltern: Dusolt, 2008.

Elternbriefe: Überhäufen Sie Eltern nicht mit Post. Nutzen Sie mehrere gut einsehbare Informationstafeln oder eine Info-Säule für allgemeine Hinweise. Formulieren Sie Elternbriefe persönlich („Liebe Familie Wollstätter") und geben Sie diese dann heraus, wenn Sie eine besondere Mitteilung verbreiten möchten; fügen Sie des Öfteren eine Sinn gebende Botschaft hinzu, die Anlass für einen guten Austausch geben kann:

> *„Gleichwürdigkeit kommt in Gegenseitigkeit zum Ausdruck*
> *Wenn Eltern ihr Neugeborenes betrachten, dann sind sie in Anbetracht dieses Wunders meist von Ehrfurcht und Verantwortungsgefühl durchdrungen. Der Wunsch, dieses Kind zu lieben und zu beschützen und ihm ein gutes Leben zu ermöglichen, geht wie eine Sonne in uns auf, und zwar ungeachtet unserer eigenen Kindheit und gegenwärtigen Lebenssituation.*
> *Dieser Drang besteht auf beiden Seiten. Auch Kinder empfinden ihn uns gegenüber, und es ist diese Gegenseitigkeit, an die wir uns gewöhnen und die wir gemeinsam mit unseren Kindern allmählich begreifen müssen. Die Kinder ermöglichen es uns ja durch ihre Existenz, uns wertvoll zu fühlen. Darum sollten wir ihnen dasselbe zurückgeben, damit auch sie sich als Menschen von unantastbarem Wert fühlen können."*
> (Juul, Dein kompetentes Kind, 2009, S. 280 f.)

Eltern-Fachinformation: Eltern beschäftigen sich nicht in gleicher Weise wie Sie mit Fachliteratur, sind aber sehr oft an kurzen, leicht verständlichen Fachtexten oder -broschüren interessiert. Werten Sie „Alltagspädagogik" nicht ab, aber füllen Sie diese auf, damit kulturelles Wissen dank neuester Erkenntnisse mitwachsen kann. Sehr empfehlenswert für Eltern, die eine gute Beziehungsgestaltung mit ihrem Kind interessiert, sind die Bücher von Jesper Juul (2009a, 2009b, 2009c).

Eltern-Selbstorganisation: Je mehr Sie Eltern darin unterstützen sich untereinander zu organisieren, zu verständigen und zu beraten, desto geringer lastet der Erwartungsdruck auf Ihnen, permanent präsent und mit dem richtigen Thema zur richtigen Zeit aufzuwarten. Beteiligen Sie Eltern bei der Themenfindung für gemeinsame Treffen und beziehen Sie diese auch in die Gestaltung mit ein. Sicher stoßen Sie auf genügend praktische und fachliche Ressourcen, die, im Wechsel eingebracht, allen ein gutes Gefühl geben: nämlich Gleichwürdigkeit.

> *Je mehr Sie Eltern – in guter Absicht – mit Ratschlägen, Informationen, Hinweisen, teamintern perfekt durchgeplanten Abläufen etc. versorgen, umso schneller nehmen diese eine passive Rolle ein.*

Eltern sind willkommen

Elternmithilfe: Ob Veränderungen (Raumgestaltung, Ergänzungen im Außengelände etc.) oder Feste in der Einrichtung anstehen, es gibt immer Elternteile, die sich hier auf Mithilfe ansprechen lassen. Wenn Sie Eltern nicht zu Handlangern machen sondern die Künstler/-innen, Handwerker/-innen, Schneider/-innen, Schauspieler/-innen in ihnen aufrufen, dann werden Sie Gemeinsamkeit und Entwicklung in neuen Formen erleben.

Elternabend: Die Kunst der Vorteilsansprache.

Um Eltern für einen Elternabend zu gewinnen braucht es mehr als nur Thema, Ort, Zeit und Datum zu benennen. Vorteilsansprache meint: Welche Gründe zur Teilnahme können wir benennen, die Eltern als Vorteil und Gewinn für sich verbuchen können, wenn sie unseren Elternabend besuchen? Wenn Sie neben solcher Vorteile zudem Absicht und Ziel der Veranstaltung aus der Sicht des Teams vorstellen, gelingt eine transparente und engagierte Einladung (vgl. Vogt, TPS, 7/2004, S. 22–25).
Planen Sie Elternabende so, dass eine aktive Teilnahme, Kennenlern-Aktivitäten, Erfahrungslernen, Kleingruppen-Austausch und Mitgestaltung vorgesehen bzw. möglich sind.

→ *Anwendungsbezogene Literatur: Lindner, 2010.*

Netzwerk „Lebens- und Erziehungsberatung"

Es kann gut möglich sein, dass die Methoden der Zusammenarbeit mit Eltern in Ihrer Einrichtung nicht ausreichen, um alle Interessen und Bedürfnisse von Eltern zufriedenzustellen. Denkbar ist auch, dass Sie als Team zeitlich und fachlich gar nicht leisten können, was Familien – z. B. in schwierigen Lebenslagen – außerdem brauchen, um gut für ihre Kinder sorgen zu können. Wenn es Ihnen gelingt ein Netzwerk mit anderen professionellen Einrichtungen aufzubauen (Lebens- und Erziehungsberatung, Jungendhilfe, unterschiedliche Therapeuten), greifen gleichzeitig viele Hände ineinander und erleichtern nicht nur Ihre Arbeit, sondern auch familiäre Problemsituationen. Die größte Wirkung ist erfahrungsgemäß gegeben, wenn Sie regelmäßige Beratungszeiten unterschiedlicher Netzwerkpartner innerhalb Ihrer Einrichtung anbieten.
Eine beispielhafte Initiative hat das rheinlandpfälzische Ministerium für Integration, Familie, Kinder, Jugend und Frauen mit **„Viva Familia"** ins Leben gerufen: *http://www.vivafamilia.de/22.html*.
Wenn Sie an Aus- und Weiterbildungsmöglichkeiten zur Abstimmung von Förderangeboten in Familie und Kinderbetreuungseinrichtung interessiert sind, können Sie sich an folgendem Projekt orientieren: **„Feinfühlige Interaktionsgestaltung und Gestaltung von Lernumgebungen im Elternhaus"** (Prof. Dr. Silke Hertel, Dr. Andreas Eickhorst, Prof. Dr. Manfred Cierpka). Einen wichtigen Stellenwert nimmt dabei die Beratung von Eltern durch die Erzieherinnen und Erzieher ein. Ziel ist es, eine frühzeitige und um-

fassende Intervention beim Auftreten von Entwicklungsschwierigkeiten oder Lernproblemen – insbesondere bei Risikokindern – zu erreichen. Das Projekt ist im Rahmen des LOEWE-Zentrum IDeA[1] (Center for Research on Individual Development and Adaptive Education of Children at Risk) angesiedelt und findet in enger Kooperation mit dem Institut für Psychosomatische Kooperationsforschung und Familientherapie des Universitätsklinikums Heidelberg statt. Weitere Informationen zu dem Projekt können unter *www.idea-frankfurt.eu* abgerufen werden.

Regionale Öffentlichkeit und Fachöffentlichkeit

Offen sein für das gesellschaftliche Umfeld

Die Nachbarschaft Ihrer Einrichtung kann Sie als isolierte Insel, lärmendes Umfeld oder kooperierende Brücke in den öffentlichen Raum wahrnehmen. Zur regionalen Öffentlichkeit zählen Anwohner, Geschäfte, Grün- und Spielflächen und vieles mehr. Wie werden Sie als Einrichtung von diesem Umfeld wahrgenommen? Wie *möchten* Sie wahrgenommen werden? Wie nutzen Sie dieses Umfeld als Raum zur Weltaneignung für Kinder/Jugendliche? Was sollte es außerdem bieten und was kann hierzu initiiert werden? Wenn Sie sich Fragen dieser Art stellen, öffnen Sie sich nicht nur dem gesellschaftlichen Umfeld, Sie werden sich gleichzeitig motiviert fühlen, die Inhalte Ihrer Arbeit weiter als bisher zu streuen und Ihren Aktionsradius deutlich zu erweitern.

Mit der Kontaktpflege zur Fachöffentlichkeit (andere sozialpädagogische Einrichtungen, Fachberatung, Schulen, Fachschulen, Jugendamt etc.) positionieren Sie sich sichtbar im Umfeld professioneller Facheinrichtungen. Sie gehen damit aber auch bereichernde Beziehungen ein und sorgen damit für eine Kultur des persönlichen und institutionellen Prozesslernens.

Veranstaltungen für und mit Eltern zu planen und durchzuführen sowie professionelle Öffentlichkeitsarbeit zu leisten sind keine voneinander zu trennenden Bereiche. Die oben aufgeführten Impulse bilden dabei längst nicht das ganze Spektrum an guten Möglichkeiten ab.

→ *Anwendungsbezogene Literatur zur Öffentlichkeitsarbeit: Stamer-Brandt, 2010; Krenz, 2002.*

- Entscheiden Sie sich für einzelne Veranstaltungsaspekte bzw. Formen der Öffentlichkeitsarbeit, die Sie in Ihrer Einrichtung einführen, unterstützen oder verändern möchten.

---

[1] *Das Zentrum wird aus Mitteln der Landes-Offensive zur Entwicklung Wissenschaftlich-ökonomischer Exzellenz (LOEWE) der Hessischen Landesregierung gefördert.*

- Begründen Sie Ihre Entscheidung dem Team gegenüber persönlich und fachlich.

Beraten Sie gemeinsam darüber, welche Ihrer Vorhaben Sie allein und welche Sie in Kooperation mit Kolleginnen realisieren. Überprüfen Sie dabei Möglichkeiten des Einbezugs von Kindern/Jugendlichen/Eltern.

Reflektieren Sie mit der Praxisanleitung über Erfahrungen und Effekte während der Umsetzung und nach Beendigung Ihres Vorhabens im Rahmen der Öffentlichkeitsarbeit.

- Erarbeiten Sie gemeinsam nächste Schritte, die Ihrer **Professionalisierung in der Zusammenarbeit mit Eltern/Öffentlichkeitsarbeit dienen.**

War das schon alles …?

Die Gestaltung der Abschlussarbeit und die Anforderungen im Abschlusskolloquium besprechen Sie im Begleitunterricht. Hierzu können Sie sich unter 11.2 auch schon erste Informationen holen.

Bis hierher haben Sie ein enormes Anforderungspensum gemeistert: Gratulation! Sie haben in allen pädagogischen Arbeitsbereichen Ihrer Ausbildungs-Praxisstelle wertvolle Erkenntnisse und Erfahrungen gesammelt, die Ihnen bei der erfolgreichen Umsetzung der noch verbleibenden Aufgaben eine große Hilfe sein werden. Im Verlauf dieses Jahres konnten Sie sichtbare und unsichtbare Spuren prägen – in der Einrichtung selbst, aber auch bei vielen Menschen, denen Sie begegnet sind. Die größte Erneuerung hat sich vermutlich in Ihrem Inneren ereignet. Es ist Ihr individueller Weg der Professionalisierung, der Sie hierher geführt hat. Viel Erfolg beim Meistern der letzten Leistungsanforderungen sowie Freude, Kraft und Glück für Ihre Zukunft als Erzieherin.

10 Praxisanleitung

In der Vertiefungs- und Verselbstständigungsphase intensivieren und erweitern sich die fachlichen und persönlichen Anforderungen an die EiA zunehmend. Die Erstellung einer differenzierten Struktur zum Verlauf der letzten Ausbildungsphase in Ihrer Einrichtung schafft für alle eine gute Orientierung. Nehmen Sie sich gemeinsam mit der EiA Zeit, um einen **Struktur- bzw. Zeitplan** zu entwickeln. In Kapitel 10 geht es um die Vertiefung der pädagogischen Handlungsfähigkeit in allen Arbeitsfeldern. Die Kapitelinhalte sind als Struktur*vorschlag* zu verstehen, den Sie dem besonderen pädagogischen Schwerpunkt Ihrer Einrichtung anpassen und in Abstimmung mit Ihrem Team ergänzen können.

10.1 Erzieherinnen als Selbstgestalterinnen ihrer Pädagogik

Wenn Kinder und Jugendliche Selbstgestalter ihrer Entwicklungs- und Bildungsprozesse sind, dann sind Erzieherinnen als Selbstgestalterinnen ihrer Pädagogik zu verstehen. Hierbei ist das Kolleginnen-Team der Rahmen, in dem **individuelles** *und* **kooperatives** Handeln stattfindet. Dieses Verhältnis sollte ausgewogen sein bzw. immer wieder ausbalanciert werden. Eine Einrichtung, die von einer Gruppe unterschiedlich starker Einzelkämpferinnen bevölkert ist, mag für den Betrachter vor allem durch eine Vielfalt an Methoden und Aktionen glänzen. In einer Einrichtung, in der alle Kolleginnen unablässig an einem Strang in dieselbe Richtung ziehen und ein Ausscheren gar nicht möglich ist, mag auf den ersten Blick Dauerharmonie herrschen. In keiner dieser Einrichtungen aber wird die individuelle und institutionelle Weiterentwicklung möglich sein, die nötig ist, um den gesellschaftspolitischen Verhältnissen einerseits und den individuellen Bedarfen von Kindern/Jugendliche und deren Familien andererseits zeitnah gerecht zu werden.
Bieten Sie der EiA in dieser Ausbildungsphase

- **Möglichkeiten zur individuellen Profilbildung.** Ermutigen Sie dazu, eigene Entscheidungen zu treffen, zu begründen und umzusetzen.

- **Gelegenheiten zu kooperativer Teamarbeit.** Regen Sie dazu an, Teilaufgaben in Absprache eigenverantwortlich auszuführen und den Rückkopplungsprozess zum Team aktiv zu gestalten.

- **Teilhabe an der Qualitätsentwicklung der Einrichtung.** Motivieren Sie sowohl zur Stabilisierung und Differenzierung bewährter Strukturen, als auch für den Aufbruch zur Bewältigung neuer Herausforderungen.

- **Anteil an der Mitgestaltung regionaler/gesellschaftlicher Öffentlichkeit.** Begeistern Sie für die Vertretung individueller und gemeinsamer Interessen – auch im Sinne der betreuten Kinder/Jugendlichen – weit über die Grenzen der Einrichtung hinaus.

Prozessorientierung oder strukturelle Statik? Eine Teamdiagnose!

Sozialpädagogische Betreuungseinrichtungen sind lernende Organisationen, die ihr Profil und ihre Qualitätsstandards prozesshaft weiter entwickeln. Fortbildung, Fachberatung, Supervision, Hospitation und die Bildung von Netzwerken sind hierbei gute Wegbegleiter. Prinzipielle Voraussetzungen für eine lernende Organisation sind eine prozessfreundliche Umgebung und ein Team, das selbstbewussten Kolleginnen Raum zur Entfaltung bietet und zugleich den Anspruch auf *Mit*gestaltung, *Mit*verantwortung und *Mit*entwicklung erhebt.

Welche Punkte Ihr Team in regelmäßigen Abständen klären kann, um gemeinsam professionell zu arbeiten und dennoch individuelle Entwicklung zu ermöglichen, finden Sie in der Teamdiagnose im BuchPlusWeb-Material, S. 16.

Selbst- und Fremdeinschätzung: Perspektivenaustausch

Um als Praxisanleitung den Professionalisierungsprozess der EiA in allen Aufgabenbereichen klar nachvollziehen zu können, bieten Selbst- und Fremdeinschätzungen hilfreiche Reflexionsgrundlagen.
Eine differenzierte Vorlage hierzu finden Sie im BuchPlusWeb-Material, S. 18f.
Nehmen Sie sich rechtzeitig, wenn möglich mehrmals während des Anerkennungsjahres, Zeit, um Ihre Einschätzungen mit der EiA auszutauschen. Besprechen Sie Ihre Einschätzungen ausführlich – insbesondere bei voneinander abweichenden Perspektiven – und legen Sie gemeinsam die nächsten **Schritte zur Professionalisierung in den jeweiligen Aufgabenbereichen** fest. Auf diese Weise behalten alle Beteiligten den Überblick und wissen, welche Kompetenzen bereits gefestigt sind und in welcher Hinsicht noch Entwicklungsbedarf besteht. Sichern Sie der EiA eine verantwortungsvolle, wertschätzende und konstruktive Begleitung in Ihrer Einrichtung und sich selbst das gute Gefühl, professionell anzuleiten.

10.2 Beurteilung der EiA

Als Ausbildungs-Praxisstelle berichten Sie der Fachschule/Fachakademie zu einem festgesetzten Termin über **das dienstliche Verhalten** und **die gemäß Ausbildungsplan erbrachten Leistungen** der EiA. Diese schriftliche Beurteilung sollte unter Beteiligung des Teams verfasst werden, damit die Vielzahl der Perspektiven und kollegialen Erfahrungen Eingang in die Beschreibung der persönlichen und fachlichen Kompetenzen finden. Fazit der Beurteilung im Falle der erfolgreichen Anerkennungsleistung ist die **Befähigung zur selbstständigen Tätigkeit als Erzieherin**.
Teilen Sie der EiA zu Beginn der Vertiefungs- und Verselbstständigungsphase mit, dass Sie ihr **aufrichtige kollegiale Rückmeldungen** geben werden. Sollten aus Ihrer Sicht während dieser Zeit Schwierigkeiten hinsichtlich zu erfüllender Anforderungen auftreten, besprechen Sie dies zunächst mit der EiA und beraten Sie anschließend mit dem Team über zusätzliche Unterstützungsmaßnahmen. Bleiben die Schwierigkeiten bestehen, nehmen Sie möglichst zeitnah Kontakt mit der Betreuungslehrkraft auf.
Eine Hilfe zur inhaltlichen **Gliederung der Beurteilung** bietet Ihnen der „Bogen zur Selbst- bzw. Fremdeinschätzung der EiA", im BuchPusWeb-Material, S. 18f.
Sie haben die EiA gemeinsam mit Ihrem Team bis zum Zeitpunkt der staatlichen Anerkennung beraten und begleitet – ein Grund zum Feiern! Seien Sie stolz auf Ihre erfolgreiche Praxisanleitung und genießen Sie den Ertrag all der großen und kleinen Ereignisse, die Sie während dieses Jahres bereicherten.
Reflektieren Sie mit Ihrem Team und der Leitung abschließend über den Verlauf des Anerkennungsjahres. Ziehen Sie ein persönliches und kollegiales Resümee, das Sie bereit macht für neue Herausforderungen. Und nicht vergessen: Erholen Sie sich von Ihrer anspruchsvollen *Doppelrolle*!

11 Betreuungslehrkraft

In der Vertiefungs- und Verselbstständigungsphase steigern sich die Anforderungen an die EiA auf allen 3 Ebenen der Professionalisierung (siehe 5.1). Für den Begleitunterricht heißt das,

- fachliche Inhalte zu vertiefen, die für alle durch die Studierendengruppe vertretenen Arbeitsfelder von praktischer pädagogischer Bedeutung sind;
- die individuellen Professionalisierungsverläufe zu berücksichtigen.

Theorie, Anwendungsbezug und personenbezogene Bedarfe konkurrieren hier nicht miteinander, sondern sind bildende Elemente eines anspruchsvollen Unterrichts. Leiten Sie den Beginn der letzten Ausbildungsphase gezielt ein. Sprechen Sie über Termine und schulische Anforderungen gemäß der zugrunde liegenden Verordnung. Motivieren Sie die EiA zur aktiven Teilnahme und Co-Beratung. Verdeutlichen Sie Ihre Kriterien der Leistungsbewertung und stellen Sie inhaltliche und formale Anforderungen des Abschlussberichtes vor.

11.1 Unterrichtsinhalte/Netzwerkarbeit/Praxisbesuch

Offene Planung als Grundlage alltäglichen pädagogischen Handelns

Die Merkmale offener Planung zu besprechen und dazu aufzufordern, **Formen der Umsetzung** vorzustellen, ermöglicht im Unterricht Einblicke in das pädagogische Handeln der EiA und in die gelebte Praxis in den Ausbildungsstellen:

Offene Planung
- bezieht sich auf Erfahrungsbereiche der Kinder.
  Kindern wird ermöglicht, die kognitiven, emotionalen und pragmatischen Voraussetzungen selbstständigen Handelns zu erwerben und in hohem Maße Lebenssituationen selbstständig zu bewältigen.

- verbindet Lernen von sozialem Handeln mit dem Erwerb von Sachkompetenz.
  Soziales Lernen ist mehr als „Sozialerziehung" und der Erwerb von Sachkompetenz kein isolierter, von sozialen Interaktionen losgelöster Prozess.

- beteiligt Kinder soweit wie möglich an Planungsschritten.
  Mit Kindern sprechen, nicht *zu* ihnen. Kinder tragen Mitverantwortung, entscheiden, planen und gestalten mit.

- setzt voraus, dass sich die Erzieherin informiert.
  Nachforschungen beginnen bei der Situationsanalyse und reichen bis zur Reflexion von Ereignissen und Aktionen.

- bedeutet, Angebote für verschiedene Untergruppen vorzusehen.
  Jedes Kind nimmt die jeweils eigene Deutung seiner Lebenssituation vor, woraus resultiert, dass individuelle Erlebens- und Verhaltensformen, Interessen und Bedürfnisse zu berücksichtigen sind.
- bezieht Lernorte und Bezugspersonen außerhalb der Einrichtung ein.
  Kinder lernen im „wirklichen" Leben.
- bedeutet, mit Kolleginnen und Eltern zusammenzuarbeiten.
  Team und Eltern ergänzen sich durch kontinuierlichen Austausch in der Wahrnehmung von Situationen, die Kinder betreffen.
- verändert die Rolle der Erzieherin.
  Erzieherinnen treten handelnd in die eigene Geschichte ein und werden zu Begleiterinnen von Entwicklungs- bzw. Bildungsprozessen.

(vgl. Kazemi-Veisari, 1996)

Planung nach dem Situationsansatz

Die Fähigkeit zur Planung nach dem Situationsansatz ist eine grundlegende **Fachkompetenz im Sinne aktueller Qualitätsstandards**. Die vom Institut für den Situationsansatz (in Kooperation mit dem Kronberger Kreis für Qualitätsentwicklung, vgl. Heller u. a. S. 51–64) formulierten theoretischen Dimensionen umfassen:

- Lebensweltorientierung
- Bildung
- Partizipation
- Gleichheit und Differenz
- Einheit von Inhalt und Form

In den meisten sozialpädagogischen Konzeptionen wird überzeugt von der Planung nach dem Situationsansatz gesprochen, während die praktische Arbeit dann doch vielerorts mehr oder weniger stark hinter den differenzierten Qualitätskriterien zurückbleibt. Wenn das Verständnis für die pädagogische, gesellschaftliche und politische Bedeutung des Situationsansatzes in dieser Ausbildungsphase vertieft wird, erhöht das die Chancen anspruchsvoller Umsetzungsformen in der Praxis. Eine **Aufgabenstellung zur Arbeit nach dem Situationsansatz** finden Sie unter 9.1.3.

Es lohnt sich auch, die EiA zur **Evaluation ausgewählter Qualitätskriterien** in der eigenen Ausbildungs-Praxisstelle anzuregen: Auf diese Weise werden das individuelle Verständnis geschärft, Kolleginnen für den Situationsansatz (re-)sensibilisiert sowie pädagogische Prozesse im Arbeitsfeld angestoßen.

Eine Beispiel gebende Evaluationsmatrix finden Sie im BuchPlusWeb-Material, S. 3.

Inklusion

Das Konzept der Inklusion führt die Ansätze pädagogischer Integrationsbemühungen entscheidend weiter. Es bezieht räumliche, soziale und personale Umgebungen stärker in die Gestaltung von Betreuungsleistungen mit ein und erhebt den Anspruch, möglichst alle Hindernisse, die den vollständigen Einbezug und die umfassende Beteiligung von Kindern/Jugendlichen/Erwachsenen stören, zu minimieren. Vor dem Hintergrund dieser gesellschaftspolitisch und pädagogisch bedeutsamen Standardsetzung müssen bestehende Systeme (Kindertageseinrichtungen, Schulen) kritisch überprüft und gegebenenfalls Reformprozesse eingeleitet werden.

Der Index für Inklusion in Kindertageseinrichtungen (*www.inklusionspaedagogik.de*) bietet den EiA einen ausführlichen **Einblick in die Prinzipien von Inklusion**. Die dort aufgeführten drei Dimensionen der Inklusion, nämlich
- inklusive Kulturen entfalten,
- inklusive Leitlinien etablieren,
- eine inklusive Praxis entwickeln,

werden mittels zahlreicher Indikatoren aufgeschlüsselt.

Es ist empfehlenswert, die drei Dimensionen zu besprechen und eine Reflexionsrunde in Bezug auf die Überzeugungen und Werte der EiA folgen zu lassen. Im Anschluss daran kann sich jede EiA mit der Frage beschäftigen, welche Konsequenzen sie aus der Auseinandersetzung mit Inklusion für das eigene pädagogische Handeln ziehen möchte. Dieser Arbeitsschritt unterstützt die **Profilbildung der EiA**.

Zusammenarbeit mit Eltern/Kooperationspartnern/Öffentlichkeitsarbeit

Dieses Arbeitsfeld nimmt in der verbleibenden Zeit des Anerkennungsjahres viel Raum ein und stellt die EiA vor besondere Herausforderungen. „Kern aller Motivation ist es, zwischenmenschliche Anerkennung, Wertschätzung, Zuwendung und Zuneigung zu finden und zu geben", resümiert Joachim Bauer. „Wir sind – aus neurobiologischer Sicht – auf soziale Resonanz und Kooperation angelegte Wesen." (Bauer, 2010, S. 36). Erfahrungsgemäß beeinflussen Ängste und Unsicherheiten in der Kooperation mit Erwachsenen die Bereitschaft angehender Erzieherinnen, in diesem Arbeitsschwerpunkt pro-aktiv zu agieren. Umso wichtiger ist eine individuelle Beratung der EiA durch die Betreuungslehrkraft und die Praxisanleitung. Die Gestaltung zwischenmenschlicher Beziehungen setzt immer an persönlichen Vorerfahrungen an und verläuft umso erfolgreicher, je positiver bisherige Kooperationen gelungen sind.

Der Begleitunterricht kann wertvolle **Unterstützungsmöglichkeiten zur Steigerung der fachlichen, sozialen und personalen Kompetenzen** in diesem Arbeitsfeld bieten:
- Ausgabe von Fachliteratur zu Elterngesprächen, -veranstaltungen, Öffentlichkeitsarbeit
- Rollenspiele zu Elterngesprächen
- Biografisches Arbeiten (anregende Beispiele unter 2.2)
- Besprechung der Beziehungsgestaltung im sozialpädagogischen Arbeitsfeld (Kriterien hierzu unter 3.1.1)
- Kollegiale Beratung zu einer „Eltern-Situation"

- Einladung einer Kooperationspartnerin, z. B. Kita-Fachberatung, Grundschullehrerin
- Besuch einer Fortbildungsveranstaltung, Fachmesse (z. B. didacta)
- „Markt der Möglichkeiten": EiA stellen Kooperationsformen und Öffentlichkeitsarbeit aus der eigenen Einrichtung vor (z. B. mit Hilfe von Fotos, kleinen Videos, Plakaten, Kurzvorträgen, Fachbüchern etc.)

→ *Fachliteratur für alle Arbeitsfelder: siehe Literaturverzeichnis.*

3. Netzwerk-Fachtag: „Erzieherinnen sind Gestalterinnen ihrer Pädagogik"

Das Netzwerktreffen in der dritten und letzten Ausbildungsphase steht unter dem Zeichen der Profilbildung und des Qualitätsmanagements. Eine Arbeitsphase zur Planung nach dem Situationsansatz bietet den Teilnehmerinnen exemplarisch die Möglichkeit pädagogischer Profilbildung. Zum Schwerpunkt Qualitätsmanagement und Außendarstellung ist ein Fachaustausch vorgesehen.

„Die Beschäftigung mit Qualität und Qualitätssicherung ist für Bildungshäuser ein unverzichtbarer Bestandteil. Erforderlich sind Leitlinien zur Qualitätssicherung und nicht ein starres System, und zwar selbst dann, wenn dieses starre System die Vergleichbarkeit erleichtern würde. Es geht im Grundsatz also nicht um den Erwerb von Zertifikaten oder Qualitätspreisen, sondern um Selbstbeurteilung und eigenverantwortliches Handeln."
(Grilz, Berichte, 1997, S. 89)

Zur inhaltlichen und strukturellen Gestaltung des 3. Netzwerk-Fachtages finden Sie eine Vorlage im BuchPlusWeb-Material, S. 20f.

Praxisbesuch: Leitfaden III

Der Praxisbesuch, den Sie in der Vertiefungs- und Verselbstständigungsphase durchführen, hat die gesteigerten Anforderungen auf allen 3 Professionalisierungsebenen zum Schwerpunkt. Gemeinsame Vereinbarungen von EiA und Praxisanleitung zur erfolgreichen Gestaltung der nächsten Professionalisierungsschritte werden von Ihnen moderiert und beraten.
Eine Vorlage zur Gestaltung dieses Praxisbesuches finden Sie im BuchPlusWeb-Material, S. 22.

11.2 Beurteilung: Jahresleistung/Abschlussbericht/Kolloquium

Als Betreuungslehrkraft geben Sie eine Note für den Begleitunterricht, die gemeinsam mit der Bewertung des Abschlussberichtes und dem methodischen Prüfungsergebnis die Gesamtbeurteilung der staatlichen Anerkennung ergibt. In der **Beurteilung des Unterrichts** können folgende Leistungen berücksichtigt werden:

- mündliche Mitarbeit
  Darstellung der eigenen praktischen Erfahrungen, des persönlichen Professionali-

sierungsprozesses; Vorstellung der Ausbildungs-Praxisstelle und deren Konzeption etc., Theoriekenntnisse

- Co-Beratung
andere EiA durch Impulse, Ideen, Vorschläge, Beispiele, Literatur unterstützen

- Präsentationen
z. B. von „best-practice"-Beispielen oder beim „Markt der Möglichkeiten"

- schriftliche Leistungsnachweise
z. B. Kurzberichte zur Begleitung der ersten und zweiten Ausbildungsphase

Der **Abschlussbericht** soll aus einem Arbeitsschwerpunkt der praktischen Ausbildung erwachsen und neben theoretischen Fachkenntnissen auch Analyse, Zielentwicklung, Planung, Handlungsschritte und Reflexion der pädagogischen Arbeit berücksichtigen. Empfehlenswert ist zudem eine Gesamtreflexion des persönlichen Professionalisierungsprozesses (3 Ebenen). Der Verschriftlichung werden die Kriterien zur Erstellung einer Facharbeit zugrunde gelegt. Der Umfang sollte ca. 25 Seiten (12p, einzeilig) betragen.

Eine beispielgebende Gliederung für einen Abschlussbericht finden Sie im BuchPlusWeb-Material, S. 23.

„... dann schreibe ich lieber 2 Versionen!"

Die Angst davor, eigene Sichtweisen im Abschlussbericht darzustellen und dadurch womöglich Kritik an Details innerhalb der Ausbildungs-Praxisstelle zu üben, stellt für so manche EiA ein ernst zu nehmendes Problem dar. Besprechen Sie frühzeitig im Rahmen eines Praxisbesuches die Anforderung der persönlichen Profilbildung. An dieser Gelenkstelle kann verdeutlicht werden, dass voneinander abweichende Betrachtungen oder Handlungsweisen völlig in Ordnung oder sogar wünschenswert sind, wenn dadurch unsinnige Anpassungsleistungen zugunsten lebendiger fachlicher Auseinandersetzungen vermieden werden. Der Bericht wird aus der Perspektive der EiA geschrieben, die schließlich auch das kritische Reflexionsgespräch mit der Praxisanleitung dokumentiert.

Das Abschluss-Kolloquium zur staatlichen Anerkennung

Im Abschluss-Kolloquium wird die Befähigung der EiA zur praktischen pädagogischen Arbeit geprüft. Grundlage des 30-minütigen Kolloquiums ist der gewählte **Schwerpunkt aus einem sozialpädagogischen Arbeitsfeld**. Zu diesem Schwerpunkt werden **spezifische Fachkenntnisse** erörtert, die einen klaren theoretischen Bezugsrahmen schaffen. **Praktische Erfahrungen** sind anhand solcher Beispiele darzustellen, die eine analysierende, planende und pädagogisch handelnde Selbsttätigkeit belegen können. Die EiA begründet außerdem, welche fachlichen Erkenntnisse sie aus der praktischen Arbeit zieht und stellt **Aspekte des persönlichen pädagogischen Profils** vor. Die Fragestellungen der Prüfungskommission unterstützen die Vertiefung und Differenzierung des Vortrags. Der Schwerpunkt des Kolloquiums sollte sich vom Schwerpunkt des Abschlussberichts deutlich unterscheiden.

Die beste Vorbereitung auf eine erfolgreiche Prüfung zur staatlichen Anerkennung ist die kritische Reflexion des eigenen Denkens und Handelns sowie die Offenheit gegenüber

Feedback während des gesamten Anerkennungsjahres. Als Betreuungslehrkraft stehen Ihnen Möglichkeiten zur Verfügung, die EiA bei der Entwicklung einer selbstreflexiven Haltung zu unterstützen. Worin der hohe Anspruch pädagogischer Tätigkeit besteht, können Sie während der Unterrichtszeit durch die konsequente Verschränkung pädagogischer Theorie mit den Anforderungen der pädagogischen Praxis aufzeigen. Ermutigen Sie die EiA immer wieder dazu, sich mit der ganzen Person in den Professionalisierungsprozess einzubringen.

Eine engagierte Lerngruppe und eine lebendige Netzwerk-Arbeit lassen den Begleitunterricht zu einem Highlight im Stundenplan werden. Viel Freude, Geduld und Erfolg während dieser herausfordernden Zeit!

Literaturverzeichnis

Baacke, Dieter: Die 13–18Jährigen. Einführung in die Probleme des Jugendalters, 7. Aufl., Weinheim und Basel: Beltz, 2000.

Baer, Udo/Frick-Baer, Gabriele: Wie Kinder fühlen, 2. Aufl., Weinheim und Basel: Beltz, 2010.

Baer, Ulrich: Entdecken, gestalten, verstehen. Kreative Bausteine für die kulturelle Bildung in Kita, Hort und Grundschule, 1. Aufl., Münster: Ökotopia, 2007.

Barth, Siegfried: Heikle Themen und schwierige Situationen. Professionelle Elterngespräche (2), in: kiga heute. Heft 2/2002, S. 14–21.

Bauer, Joachim: Prinzip Menschlichkeit. Warum wir von Natur aus kooperieren. 4. Aufl., München: Heyne, 2010.

Bauer, Joachim: Das Gedächtnis des Körpers. Wie Beziehungen und Lebensstile unsere Gene steuern, 15. Aufl., Frankfurt: Eichborn, 2009.

Bayerisches Staatsministerium für Arbeit und Sozialordnung, Familie und Frauen (STMAS)/ Staatsinstitut für Frühpädagogik München (IFP): Der Bayerische Bildungs- und Erziehungsplan für Kinder in Tageseinrichtungen bis zur Einschulung, Weinheim und Basel: Beltz, 2006.

Betz, Tanja/Gaiser, Wolfgang/Pluto, Liane (Hrsg.): Partizipation von Kindern und Jugendlichen. Forschungsergebnisse, Bewertungen, Handlungsmöglichkeiten, 1. Aufl., Schwalbach/Ts.: Wochenschau-Verlag, 2010.

Bertelsmann Stiftung/Staatsinstitut für Frühpädagogik (IFP) (Hrsg.): Wach, neugierig, klug. Kompetente Erwachsene für Kinder unter 3, Medienpaket, Gütersloh: Bertelsmann, 2006.

Beushausen, Ulla/Klein, Susanne: Sprachförderung. Ein Ratgeber für Eltern, Therapeuten und Erzieher, 2. Aufl., Idstein: Schulz-Kirchner, 2010.

Böcher, Hartmut (Hrsg.): Erziehen, bilden und begleiten. Das Lehrbuch für Erzieherinnen und Erzieher, 1. Aufl., Köln: Bildungsverlag EINS, 2010.

Böcher, Hartmut (Hrsg.): Erziehen, bilden und begleiten. Das Arbeitsbuch für Erzieherinnen und Erzieher, 1. Aufl., Köln: Bildungsverlag EINS, 2010.

Bongard, Bruno/Schwarzkopf, Franz: Viele Ideen – ein Profil. Methoden der Leitbildentwicklung für engagierte Teams, 1. Aufl., München: Don Bosco, 2000.

Brazelton, T. Berry/Greenspan, Stanley: Die sieben Grundbedürfnisse von Kindern. Was jedes Kind braucht, um gesund aufzuwachsen, gut zu lernen und glücklich zu sein, 2. Aufl., Weinheim und Basel: Beltz, 2002.

Bradshaw, J./Schröder, B.: Das Kind in uns. Wie finde ich zu mir selbst. 1. Aufl., München: Droemer Knaur, 2000.

Bröder, Monika: Gesprächsführung in Kita und Kindergarten. Ein praktischer Leitfaden, 3. Aufl., Freiburg i. Br.: Herder, 2004.

Bruner, Claudia/Winklhofer, Ursula/Zinser, Claudia: Partizipation – ein Kinderspiel? Beteiligungsmodelle in Kindertagesstätten, Schulen, Kommunen und Verbänden, 1. Aufl., München: Deutsches Jungendinstitut, 2001, unter: http://www.dji.de/bibs/4_Partizipation-Ein_Kinderspiel.pdf, abgerufen am 21.09.2011.

Brunner, Monika/Waibel, Christiane: Sprachspiele zur auditiven Wahrnehmung und Sprachverarbeitung im Vorschulalter, 1. Aufl., Idstein: Schulz-Kirchner, 2011.

Bundesjugendkuratorium/DJI (Hrsg.): Partizipation von Kindern und Jugendlichen – Zwischen Anspruch und Wirklichkeit, Juni 2009, unter: http://www.bundesjugendkuratorium.de/pdf/2007–2009/bjk_2009_2_stellungnahme_partizipation.pdf, abgerufen am: 21.09.2011.

Caritasverband für die Diözese Münster e.V. – Referat Kinder-, Jugend- und Familienhilfe (Hrsg.): Bildungsvereinbarung NRW. Beobachtung und Dokumentation in katholischen Tageseinrichtungen für Kinder, Münster 2004.

Deutsches Jugendinstitut DJI (Hrsg.): Bildungs- und Lerngeschichten in der Kindertagespflege: Bildungs- und Lerngeschichten spezial, 1. Aufl., Weimar und Berlin: das netz, 2010.

DJI (Hrsg.): Bildungs- und Lerngeschichten im Hort: Bildungs- und Lerngeschichten spezial, 1. Aufl., Weimar und Berlin: das netz, 2009.

Dittmann, Mara (Hrsg.): Werkstatt Situationsansatz in der Kindergartenpraxis, 1. Aufl., Weinheim und Basel: Beltz, 2000.

Dusolt, Hans: Elternarbeit. Ein Leitfaden für den Vor- und Grundschulbereich, 3. Aufl., Weinheim und Basel, Beltz, 2008.

Faller, Kurt: Mediation in der pädagogischen Arbeit. Ein Handbuch für Kindergarten, Schule und Jugendarbeit, 1.Aufl., Mühlheim an der Ruhr: Verlag an der Ruhr, 1998.

Faller, Kurt/Faller, Sabine: Kinder können Konflikte klären: Mediation und soziale Frühförderung im Kindergarten. Ein Trainingshandbuch, 3. Aufl., Münster: Ökotopia Verlag, 2008.

Faller, Kurt/Kerntke, Wilfried: Konflikte selber lösen. Trainingshandbuch für Mediation und Konfliktmanagement in Schule und Jugendarbeit, 2. Aufl., Mühlheim an der Ruhr: Verlag an der Ruhr, 2009.

Fonagy, Peter/Target, Mary: Frühe Bindung und psychische Entwicklung. Beiträge aus Psychoanalyse und Bindungsforschung, 1. Aufl., Gießen: Psychosozial-Verlag, 2003.

Franz, Margit: Lebensraum Kindertagesstätte. Welche Qualitäten brauchen Räume? In: TPS Theorie und Praxis der Sozialpädagogik, Bundesvereinigung Evangelischer Tageseinrichtungen für Kinder (BETA) (Hrsg.), Seelze: Friedrich, Heft 1/2005, S. 14–18.

Friedrich, Hedi: Beziehungen zu Kindern gestalten, 2. Aufl., Neuwied und Berlin: Luchterhand, 1999.

Friedrich, Gerhard/Friedrich, Renate/de Galgóczy, Viola: Mit Kindern Gefühle entdecken. Ein Vorlese-, Spiel- und Mitsing-Buch. Mit Audio-CD, 1. Aufl., Weinheim und Basel: Beltz, 2008.

Fthenakis, Wassilios E./Schmitt, Annette/Eitel, Andreas/Gerlach, Franz/Wendel, Astrid/Daut, Marike: Natur-Wissen schaffen Band 5: Frühe Medienbildung, 1. Aufl., Köln: Bildungsverlag EINS, 2009.

Gudjons, Herbert/Pieper, Marianne/Wagener, Birgit: Auf meinen Spuren. Das Entdecken der eigenen Lebensgeschichte. Vorschläge und Übungen für pädagogische Arbeit und Selbsterfahrung, völlig neu bearb. und aktualisierte Aufl., Bad Heilbrunn: Klinkhardt, 2008.

Grilz, Wolfgang: 5. Berichte aus den Arbeitsgruppen. Qualitätssicherung aus der speziellen Sicht von Bildungshäusern, in: Qualität und Qualitätsstandards in der außerschulischen Jugend- und Erwachsenenbildung, Bundesministerium für Familie, Senioren, Frauen und Jugend (Hrsg.), Düsseldorf: Vereinigte Verlagsanstalten, 1997, S. 87–89.

Günther, Sybille: In Projekten spielend lernen. Pädagogische Kompetenz. Grundlagen, Konzepte und Methoden für erfolgreiche Projektarbeit in Kindergarten und Grundschule, 1. Aufl., Münster: Ökotopia, 2006.

Groot-Wilken, Bernd: Bildungsprozesse in Kindergarten und Kita: Beobachten – dokumentieren – planen. Mit Checklisten und Kopiervorlagen, 1. Aufl., Freiburg i. Br.: Herder, 2007.

Harris, Thomas: Ich bin o.k, du bist o.k. Wie wir uns selbst besser verstehen und unsere Einstellung zu anderen verändern können. Eine Einführung in die Transaktionsanalyse, 4. Aufl. Reinbek: Rowohlt, 2010.

Haug-Schnabel, Gabriele/Bensel, Joachim: Kinder beobachten und ihre Entwicklung dokumentieren, Kindergarten heute spezial. Kindergarten heute, Heft Nr. 5, Freiburg i. Br.: Herder, 2005.

Haug-Zapp, Ebgert: Vernetzung der Lernorte Schule und Praxis als Qualitätsindikator, in: Ausbildungsqualität. Strategiekonzepte zur Weiterentwicklung der Ausbildung von Erzieherinnen und Erziehern, Fthenakis, Wassilios/Oberhuemer, Pamela (Hrsg.), 1. Aufl., Neuwied, Kriftel und Berlin: Luchterhand, 2002, S. 207–217.

Hecker, Joachim: Der Kinder Brockhaus Elemente: Den Naturwissenschaften auf der Spur. 2. Aufl., Gütersloh: Wissenmedia, 2005.

Helmsen, Johanna/Petermann, Franz: Nah bei sich selbst sein und auf andere zugehen können. Emotionale Kompetenz fördern, kindergarten heute, Heft Nr. 5, 2008, S. 8–13.

Henneberg, Rosy: Kolumne – Erfinden, da muss man's selbst machen. Was Kinder der Roten Gruppe über Lernen und Erfinden denken, in: TPS Theorie und Praxis der Sozialpädagogik, Heft Nr. 10, 2006, S. 35.

Henneberg, Rosy/Klein, Helke/Klein, Lothar/Vogt, Herbert: Mit Kindern leben, lernen, forschen und arbeiten. Kindzentrierung in der Praxis, 1. Aufl., Seelze: Kallmeyer'sche Verlagsbuchhandlung, 2004.

Hermann, Gisela/Wunschel, Gerda: Erfahrungsraum Kita. Anregende Orte für Kinder, Eltern und Erzieherinnen, 1. Aufl., Weinheim, Basel und Berlin: Beltz, 2002.

Hermens, Georg/Hostert, Alexandra/Lückemeier, Kai: Der Kinder Brockhaus Technik, 1. Aufl., Gütersloh: Wissenmedia, 2004.

Hessisches Sozialministerium/Hessisches Kultusministerium: Bildung von Anfang an. Bildungs- und Erziehungsplan für Kinder von 0–10 Jahren in Hessen, 2010.

Hessisches Sozialministerium: Kinder in den ersten drei Lebensjahren: Was können sie, was brauchen sie? Eine Handreichung zum Hessischen Bildungs- und Erziehungsplan für Kinder von 0–10 Jahren, 2010.

Hoenisch, Nancy: Mathe-Kings. Junge Kinder fassen Mathematik an, 2. Aufl., Weimar und Berlin: das netz, 2007.

Hüther, Gerald/Bentzen, Marianne/Levine, Peter A.: Die Gehirnforschung und ihre Bedeutung für Pädagogik, Psychotherapie und Traumaforschung, 2. Schweizer Bildungsfestival, Vorträge, 3 DVDs, Müllheim-Baden: Auditorium-Netzwerk, 2008.

Hüther, Gerald: Biologie der Angst. Wie aus Streß Gefühle werden. 9. Aufl., München: Vandenhoeck & Ruprecht, 2009.

Jungmann, Tanja/Reichenbach, Christina: Bindungstheorie und pädagogisches Handeln. Ein Praxisleitfaden, 2. Aufl., Dortmund: Modernes Lernen, 2011.

Juul, Jesper: Dein kompetentes Kind. Auf dem Weg zu einer neuen Wertgrundlage für die ganze Familie, Neuübersetzung 2009, übersetzt von Knut Krüger, Reinbek bei Hamburg: Rowohlt, 2009a.

Juul, Jesper: Grenzen, Nähe, Respekt. Auf dem Weg zur kompetenten Eltern-Kind-Beziehung, Neuausgabe, Reinbek bei Hamburg: Rowohlt, 2009b.

Juul, Jesper: Aus Erziehung wird Beziehung. Authentische Eltern, kompetente Kinder, 7. Aufl., Freiburg i. Br.:, Herder, 2009c.

Kaplan, Karlheinz/Becker-Gebhard, Bernd (Hrsg.): Handbuch der Hortpädagogik. 1. Aufl., Freiburg i. Br.:, Lambertus, 1997.

Kazemi-Veisari: Kinder verstehen lernen. Wie Beobachten zu Achtung führt, TPS Profil, 1. Aufl., Seelze-Velber: Kallmeyer'sche, 2004.

Kazemi-Veisari, Erika: Wenn im „Stuhlkreis" Erwachsene das Wort führen …, in: TPS Theorie und Praxis der Sozialpädagogik, Heft Nr. 5, 2001, S. 26–29.

Kazemi-Veisari, Erika: Offene Planung im Kindergarten. Ideen und Hilfen, 2. Aufl., Freiburg i. Br.: Herder, 1996.

Kieninger, Martina: Kinder entdecken die Naturwissenschaften: Biologie mit 2- bis 3-Jährigen, 1. Aufl., Berlin: Cornelsen Scriptor, 2008a.

Kieninger, Martina: Kinder entdecken die Naturwissenschaften: Technik mit 2- bis 3-Jährigen: Spaßtage und vieles mehr, 1. Aufl., Berlin: Cornelsen Scriptor, 2008b.

Kieninger, Martina: Kinder entdecken die Naturwissenschaften: Physik mit 2- bis 3-Jährigen: Spaßtage und vieles mehr, 1. Aufl., Berlin: Cornelsen Scriptor, 2008c.

Klein, Lothar: Mit Kindern Regeln finden, 1. Aufl., Freiburg i. Br.: Herder, 2000.

Klinger, Sabine: Selbstbewusste Mädchen! 1. Aufl., München: Profil, 2008.

Knauf, Helen: Bildungsbereich Medien, 1. Aufl., Göttingen: Vandenhoeck & Ruprecht, 2010.

Kobelt-Neuhaus, Daniela: Partnerschaftlich mit Eltern zusammenarbeiten, in: Kindergarten heute, Heft Nr. 9, 2010, S. 28–33.

Konzept-e für Bildung und Soziales GmbH: elementi-i. Individuen – Interessen – Interaktion. element-i Konzept für Kinderhäuser in Geschäftsführung der Konzept-e für Kindertagesstätten gGmbH, 08.2010 unter: http://www.konzept-e.de/downloads/element-i/element-i-Konzept.pdf, abgerufen am: 21.09.2011.

Krüger, Angelika/Zimmer, Jürgen: Die Ausbildung der Erzieherinnen neu erfinden, 1. Aufl., Neuwied, Kriftel und Berlin: Luchterhand, 2001.

Krenz, Armin: Handbuch Öffentlichkeitsarbeit. 4. Aufl., Freiburg i. Br.: Herder, 2002.

Krenz, Armin: Kompetenz und Karriere. Für ein neues Selbstverständnis der Erzieherin, 2. Aufl., Freiburg: Herder, 1994.

Lindner, Ulrike: Elternabend in Kita und Krippe mal anders! Einfach vorbereiten – professionell durchführen – lebendig gestalten, 1. Aufl., Mühlheim an der Ruhr: Verlag an der Ruhr, 2010.

Lück, Gisela: Handbuch der naturwissenschaftlichen Bildung. Theorie und Praxis für die Arbeit in Kindertageseinrichtungen, 1. Aufl., Freiburg, i. Br.: Herder, 2003.

Lutz, Erich/Netscher, Michael: Kindergärten der Zukunft. Erfahrungsberichte aus ökologischen Modellprojekten, 1. Aufl., Freiburg i. Br.: Herder, 2001.

Merkel, Johannes: Weißt du was: Sprechen macht Spaß. Sprachliche Bildung anregen und unterstützen, 1. Aufl., Köln: Bildungsverlag EINS, 2010.

Michel, Christoph: Der Kinder Brockhaus. Erste Experimente für kleine Forscher, 1. Aufl., Gütersloh: Wissenmedia, 2008.

Miller, Alice: Am Anfang war Erziehung, 24. Aufl., Frankfurt: Suhrkamp, 2008.

Miller, Alice: Das Drama des begabten Kindes. Auf der Suche nach dem wahren Selbst, Neuauflage, Frankfurt: Suhrkamp, 2009.

Mrozek, Monika/Staubach, Elke/Veldkamp, Constantinus: Die Qualität der Kindertagesstätte als Ausbildungsort, in: TPS Theorie und Praxis der Sozialpädagogik, Heft Nr. 2, 2000, S. 46–47.

Niesel, Renate/Griebel, Wilfried: Übergänge sind Chancen für die Entwicklung. Gute Begleitung stärkt Resilienz, in: TPS Theorie und Praxis der Sozialpädagogik, Heft Nr. 5, 2004, S. 9–12.

Pöttinger, Ida/Schill, Wolfgang/Thiele, Günter (Hrsg.): Medienbildung im Doppelpack. Wie Schule und Jugendhilfe einander ergänzen können, 1. Aufl., Bielefeld: Gesellschaft für Medienpädagogik und Kommunikationskultur in der Bundesrepublik, 2005.

Preissing, Christa (Hrsg.): Qualität im Situationsansatz. Qualitätskriterien und Materialien für die Qualitätsentwicklung in Kindertageseinrichtungen, 2. Aufl., Berlin und Mannheim: Cornelsen Scriptor, 2009.

Rautenberg, Werner: Werde, der du werden kannst. Persönlichkeitsentfaltung durch Transaktionsanalyse, 19. Aufl. 2011, Freiburg i. Br.: Herder, 2011.

Regel, Gerhard/Kühne, Thomas: Pädagogische Arbeit im offenen Kindergarten, 1. Aufl., Freiburg, Basel und Wien: Herder, 2007.

Remsperger, Regina: Vom Lernen der Kinder erzählen. Das Projekt „Bildungs- und Lerngeschichten" des Deutschen Jugendinstituts, in: TPS Theorie und Praxis der Sozialpädagogik, Heft Nr. 4, 2006, S. 42–44.

Royar, Thomas/Streit, Christine: Mathelino. Kinder begleiten auf mathematischen Entdeckungsreisen, 1. Aufl., Berlin: Kallmeyer, 2010.

Rüter, Martina: 111 neue spannende Experimente für Kinder: faszinierend, verblüffend, völlig ungefährlich, 1. Aufl., München: Compact, 2009.

Saalfeld, Birgit: Was uns behindert und den Blick verstellt. Wie Erzieherinnen an die Themen der Kinder kommen, in: TPS Theorie und Praxis der Sozialpädagogik, Heft Nr. 1, 2002, S. 26–29.

Schäfer, Gerd E.: Beobachten und Dokumentieren. Kinder „beobachten" heißt, Kindern mit Aufmerksamkeit begegnen. Vorlesung WS 2004/05, unter: http://www.hf.uni-koeln.de/data/eso/File/Schaefer/WahrnehmenUndDenken4.pdf, abgerufen am: 21. 09.2011.

Schäfer, Gerd E.: Die Selbstbeteiligung der Kinder an ihrer Bildung stärken, in: TPS Theorie und Praxis der Sozialpädagogik, Heft Nr. 2, 2003, S. 35–42.

Schmidt, Rainer: Immer richtig miteinander reden. Transaktionsanalyse in Beruf und Alltag, 5. Aufl., Paderborn: Junfermann, 2009.

Schmidt-Nitsche, Ulla: Der „Lernort Praxis" in der Ausbildung von Erzieherinnen und Erziehern: Zur Mitverantwortung der Kinder- und Jugendhilfe, in: Ausbildungsqualität. Strategiekonzepte zur Weiterentwicklung der Ausbildung von Erzieherinnen und Erziehern, Fthenakis, Wassilios/Oberhuemer, Pamela (Hrsg.), 1. Aufl., Neuwied, Kriftel und Berlin: Luchterhand, 2002, S. 117–125.

Schrader, Michael: Qualitätsentwicklung in Zeiten des Wandels – Last oder Hilfe, in: Dahle, Gabriele/Schrader, Michael (Hrsg.): Kindergarten und Hort erfolgreich leiten. Know-how für eine bessere Kita, Heft 9. München: OLZOG-Verlag, 2009.

Schratt, Gabriele: Hort hat Zukunft. Pädagogische Konzepte und sozialwirtschaftliche Herausforderungen, 1. Aufl., München: Don Bosco, 1999.

Spaemann, Robert: Mut zur Erziehung. Die Herausforderung, in: Beutler, Kurt/Horster, Detlef: Pädagogik und Ethik, Stuttgart: Reclam, 1996

Ständige Konferenz der Kultusminister der Länder in der Bundesrepublik Deutschland (KMK): Gemeinsamer Rahmen der Länder für die frühe Bildung in Kindertageseinrichtungen, Beschluss der Jugendministerkonferenz vom 13./14.05.2004; Beschluss der Kultusministerkonferenz vom 03./04.06.2004, unter: http://www.kmk.org/fileadmin/ veroeffentlichungen_beschluesse/2004/2004_06_04-Fruehe-Bildung-Kitas.pdf, abgerufen am: 21.09.2011.

Ständige Konferenz der Kultusminister der Länder in der Bundesrepublik Deutschland: Rahmenvereinbarung über Fachschulen (Beschluss der Kultusministerkonferenz vom 07.11.2002 i. d. F. vom 03.03.2010), S. 21, unter: http://www.kmk.org/fileadmin/ veroeffentlichungen_beschluesse/2002/2002_11_07-RV-Fachschulen.pdf, abgerufen am: 06.02.2012.

Stamer-Brandt, Petra: Öffentlichkeitsarbeit in Kindergarten und Kita entwickeln – durchführen – auswerten. 1. Aufl., Freiburg i. Br.: Herder, 2010.

Sturzenhecker, Benedikt/ Winter, Reinhard: Praxis der Jungenarbeit: Modelle, Methoden und Erfahrungen aus pädagogischen Arbeitsfeldern, 1. Aufl., Weinheim: Juventa, 2010.

Textor, Martin/Blank, Brigitte: Elternmitarbeit: Auf dem Weg zur Bildungs- und Erziehungspartnerschaft, Bayerisches Staatsministerium für Arbeit und Sozialordnung, Familie und Frauen, Staatsinstitut für Frühpädagogik München (Hrsg.), 2. Aufl. 2004.

Van den Hövel, Martina/Möller, Michael: Nicht flüchten – standhalten. Persönlichkeitsbildendende Kompetenzen in der ErzieherInnenausbildung, in: TPS Theorie und Praxis der Sozialpädagogik, Heft Nr. 2, 2000, S. 48–50.

Von der Beek, Angelika/Buck, Matthias/Rufenach, Annelie: Kinderräume bilden. Ein Ideenbuch für Raumgestaltung in Kitas, 1. Aufl., Weinheim, Basel und Berlin: Beltz, 2001.

Von der Beek, Angelika: Bildungsräume für Kinder von Null bis Drei, 5. Aufl., Weimar und Berlin: das netz, 2010.

Vogt, Herbert: „Um zahlreiches Erscheinen wird gebeten." Vorteilsansprache nimmt die Sicht der Adressaten ein, in: TPS Theorie und Praxis der Sozialpädagogik, Heft Nr. 7, 2004, S. 22–25.

Weltzien, Dörte: Beobachtung – über Gespräche mehr erfahren, in: Kindergarten heute, Heft Nr. 9, 2010, S. 8–12.

Würmli, Markus: 222 Fragen und Antworten für Kinder, 1. Aufl., Köln: Schwager und Steinlein, 2010.

Zimmer, Renate: Bildungsjournal Frühe Kindheit/Bewegung, Körpererfahrung & Gesundheit, 1. Aufl., Berlin: Scriptor, 2010.

Zimmer, Renate: Handbuch Sprachförderung durch Bewegung, 4. Aufl., Freiburg i. Br.: Herder, 2009.

Zimmer, Renate: Handbuch der Bewegungserziehung. Grundlagen für Ausbildung und pädagogische Praxis, 9. Aufl., Freiburg i. Br.: Herder, 2004.

Sachwortverzeichnis

A
Abschlussbericht 133
Aktives Zuhören 86
Anforderungsprofil 29
Anleitungsgespräch 44
Arbeitsfeld 29
Ausbildungsplan 53
Ausbildungs-Praxisstelle 95
Ausbildungsprofil 51

B
Be(ob)achten 77
Beobachtung 78, 96
Beraten 55
Berliner Eingewöhnungsmodell 40
Berufliche Identität 12
Beteiligungsmodelle 63
Beurteilung 129
Bewegung 67
Bewegungsvorbild 69
Beziehungsaufbau 35
Beziehungsgestaltung 36
Beziehungs-Konflikte 116
Bezugsperson 99f.
Bildungshaus 64
Bildungspartnerin 99
Bildungsplan 10
Bildungsprozess 27
Bildungsthemen 59
Bildungs- und Erziehungspartnerschaft 46
Bildungs- und Lerngeschichten 79
Bindungserfahrung 100
Biografisches Arbeiten 58

D
Demokratielernen 93
Dialog 104

Dienstgespräch 82
Dokumentieren 77, 95

E
Elternabend 46
Elternbildung 85
Elternbriefe 124
Eltern-Fachinformation 124
Elterngespräch 86, 120
Eltern-Ich 22
Elterninformation 85
Elternmithilfe 125
Eltern-Selbstorganisation 124
Emotionale Kompetenz 107
Entdecken 70ff.
Entwicklungsaufgaben 59
Entwicklungsgespräch 87
Entwicklungspotenzial 15
Entwicklungsprozess 27
Erwachsenen-Ich 22
Erwartungs-Erwartung 45
Erziehungsbotschaft 14
Erziehungsplan 10

F
Fachkraft-Kind-Beziehung 25
Fachliche Anleitung 53
Fachöffentlichkeit 126
Feedback 44
Feinfühligkeit 34, 107
Forschen 70ff.
Fremdeinschätzung 129

G
Genogramm 122
Geschlechtsbezogene Rollenbilder 77
Grundeinstellung 17
Grundhaltung 47

H
Halbjahresreflexion 96
Hilfeplangespräch 89
Humankompetenz 13, 56

I
Ibi = Ich-bin-ich-Ordner 110
Ich-Zustands-Modell 20
Identitätsentwicklung 15
Individualität 43
Inklusion 62
Interessen-Konflikte 116
Interkulturelle Beziehungsgestaltung 48

K
Karteikasten 110
Kinderkonferenz 63
Kindheits-Ich 21
Ko-Konstruktion 101
Kollegiale Beratung 115
Kommunikationsebene 21
Konfliktmanagement 115
Konfliktverhalten 116
Kontaktaufnahme 35
Konzeption 43
Krisengespräch 121

L
Learning Stories 79
Lebenswelt 49
Leistungsnachweis 58
Leitbild 81
Lernende Organisation 53
Literalität 65

M
Mädchen- und Jungenarbeit 76
Materialerkundung 71

Mathematik 72
Mediation 117
Medien 73 f.
Multikulturalität 48

N
Naturerfahrung 71
Netzwerk-Fachtag 60, 97, 133

O
Offene Planung 130
Öffentlichkeitsarbeit 124
Orientierungsplan 10

P
Pädagogische Konzeption 117
Personale Beziehung 53
Physik 72
Planung 77, 109
Praxisbesuch 55, 133
Produktive Frage 75
Professionalisierung 15, 56
Profil 83
Projektarbeit 95
Prozessorientierung 128

Q
Qualitätsentwicklung 128

Qualitätsfragen 53
Qualitätskriterien 131

R
Rahmenbedingung 51
Raum-Briefkasten 110
Reflexionsgespräch 44, 91
Regeln 75
REGGIO-Pädagogik 9
Resilienz 40
Reziproke Interaktion 102
Rückmeldung 107

S
Sachkompetenz 24
Sachverhalts-Konflikte 116
Schlüsselsituation 108
Selbstbildung 64
Selbstbildungskompetenz 59
Selbstbildungsprozess 110
Selbsteinschätzung 129
Selbst-Reflexion 92
Situationsanalyse 109
Situationsansatz 9, 52
Sozialkompetenz 19
Sprachanlässe 65
Sprache 65 f.
Streitschlichtung 117
Struktur-Konflikte 116

Synergie 43

T
Teaching Stories 79
Teamarbeit 92
Teamsitzung 82
Technik 72
Teilnehmende Beobachtung 38
Transaktionsanalyse 20
Transition 38
Transparenz 44
Tür- und Angelgespräch 47

U
Unterrichten 55

V
Vertrag mit mir selbst 30

W
Werte-Konflikte 116
Wirklichkeit 101

Z
Zahlen 72
Ziel 31
Zieleformulierung 109
Zwiebelmodell der Persönlichkeit 16